心が整うおみおくり

残された人がよく生きるための
葬儀◆お墓◆供養のこと

大愚元勝
Taigu Gensho

中央公論新社

はじめに――見送る人はとまどう

大切な人をどう弔えばいいのだろう？

自分が死んだあとのことを誰にどう託せばいいのだろう？

本書を手に取ってくださった方の心の声が聞こえてくるようです。人生１００年時代といわれて久しいのですが、ここへきて日本はいよいよ「多死社会」へ突入し、20年後にはピークを迎えるといわれています。少子化の影響で見送る人は減っているのに、見送られる人は増え続けるとなれば、自分のお墓を誰が守るのかという問題はますます深刻化するでしょう。お墓問題に限らず、葬儀や供養といったお弔いの文化を継承していくこと自体が難しいと感じる方もいることでしょう。実際、手をこまねいていたら迷子の遺骨だらけになってしまいます。

ならば、どうすればいいのか――ということについて一緒に考えてみませんか？　というのが本書のテーマです。


改めて自己紹介をさせていただきます。私は愛知県小牧市にある佛心宗大《ぶっしんしゅうだい》叢山福厳寺《そうざんふくごんじ》の住職を務める大愚元勝と申します。

僧名である「大愚」というのは大バカ者という意味。お寺の子に生まれながら、父である師匠の厳しさやお寺の窮屈なしきたりに反発を覚え、はたまた周囲の人たちから何かにつけて「お寺の子なのに……」と言われるのも、「坊主丸儲け」と揶揄《やゆ》されるのにもうんざりして、僧侶にだけはなりたくないと寺を飛び出した思春期。

といって、すぐになりたいものがみつかるわけでもありません。大学に進学して仏教を学び、曹洞宗大本山總持寺での修行を経、大学院で宗教学、仏教学を専攻するも、「やはりどうしても僧侶にはなりたくない」との思いが消えることはありませんでした。

そんな私は大学院在学中に起業し、ビジネスを軌道に乗せたものの社員教育の壁にぶち当たり、人の心とは？　働くって何だろう？　生きるってどういうことなのだろう？　と根本的なことについて考えるようになりました。そして仏教に救いを求めている自分がいたのです。迷った時ほど、幼少期から読んだり聞いたりしてきたお釈迦様の説かれた言葉の数々が心にしみました。「これまで私がしてきた勉強や修行は、どこかでお寺の後継に必要な僧侶資格のためのものであって、本当の修行ではなかったのではないか」と、自分の未熟さを思い知らされた気がしました。

そこで事業を後進に譲り、インドから日本に仏教が伝わるまでの伝道ルートを辿る求道《ぐどう》の旅に出たのです。仏教圏の国に限らず、30カ国を超える地域をめぐり、その土地の宗教や文化に触れ、改めて、慈悲心と智慧《ちえ》を説く仏教の可能性に「いやはや仏教ってすごい！」と目が覚めた次第。インドの仏教は本来、葬儀や法事といった故人の鎮魂や供養を担うものではなく、生きる人が苦を手放して明るく生きるための道標です。葬儀や法事は故人の御霊《みたま》の慰めだけではなく、死別の苦しみの中にいる遺族が、自らの命の有限性に気づき、「余生をいかに生きるか」という自覚を促す機能を持っているのです。このことを理解した私は仏教や僧侶という仕事に大きな希望を見出し、供養について深く考えるようになりました。

人生に迷っているときに、師匠から「おまえは大愚だ！」と名づけられた私ですが、大愚にはもう一つ、何にもとらわれない自由な境地に達した者という意味があります。人としてさまざまな経験をしてきたことは決して無駄ではなかった。社会の中で人間関係に悩んでモヤモヤしたことも、資金繰りが上手く行かずにアタフタしたことも、苦しみはすべて人の痛みを知ることにつながったと思っています。

ハッキリ言ってこの世は綺麗ごとが通用する世界ではありません。お弔い問題にしても、家のしきたり、家族関係のゴタゴタ、お金の問題……いろいろあります。誰かに相談しても埒《らち》が明かない、理解してもらえない、世間体を気にして近しい人にも打ち明けられないという方もおられることでしょう。お弔いに関して人は孤独になりがちで、だからこそ悩ましいのです。

YouTube チャンネル「大愚和尚の一問一答」の登録者数は67万人を超え、世界中から寄せられる人生相談は４０００人待ちの状態ですが、お弔いに関する相談が目立ちます。

「親の葬儀は遺言どおりにしなくてはいけないのか？」
「通夜や告別式を端折《はしょ》ると故人が成仏できないのか？」
「親の死後、墓守として生きるのが重い」
「自分の代で墓じまいをしてもよいものか？」

大切な人の死をめぐって、現実との狭間でゆれているのです。一見すると横着な発想に思える相談内容からも、こんなことをしたらマズイですよねぇ？という戸惑いがにじみ出ています。

問題はこれからを生きる人々が「こうであらねばいけない」「こうあるべきだ」という概念に阻まれ、にっちもさっちもいかずに立往生してしまっていることです。従来の慣習や世間体にとらわれていると、葬儀本来の意義を見失ってしまう。

本当に大切なことは、身近な人の弔いを通じて「自分の命もまたいつまであるのかがわからない」という現実と、自らの生き方を見つめ直すことなのです。かくいう私は平成27年に福厳寺31代住職に就任し、令和元年には曹洞宗を離れて佛心宗を立ち上げました。その理由は、仏教の本質に立ち戻る必要を感じたからです。

仏教は死者を弔うための教えではなく、「いかに苦を手放して明るく生きるか」という、生き方を説く教えです。

ところが日本では曹洞宗が一般の人々を対象とした葬儀を行うようになってそれが他宗派にも広がり、「死者の弔い」がお寺や僧侶の仕事になってしまいました。しかし本来の法要は、生前、仏の教えに触れる機会がなかった人は葬儀を機会として、また遺族は身近な人の死を通して、命の無常と生き方を見つめるきっかけを与えるものだったのです。

味噌汁の味噌や具材が地方ごとで違うように、弔いにまつわる慣習や文化も地域によって違います。育った環境や親子関係、経済観念によりお弔いの価値観は千差万別なのですから、「自分は自分、人は人」でよいのです。もちろん私は本書で自分の考えを無理強いする気など毛頭ありません。ここではただ一つ、仏教に「すべての苦しみは無明から生まれる」という教えがあるということをお伝えしたいと思います。

無明とは無知のこと。お釈迦様は知りもしないで判断を下すことの愚かさを説き、その愚かさが人生を暗くすると諭しています。そこで、まずはお弔いとは何なのかという本質に触れ、そのうえでお弔いの変化にどう対応するのかについて考えていただきたいと思うのです。

本書では仏教の歴史や教えをひもとき、私が観てきたさまざまなお弔いエピソードをご紹介しつつ、「葬儀」「供養」「墓」「仏壇」に関する皆さんの疑問にお答えします。最後まで読んでいただけば、お弔いをどうするかという自分なりの答えをみつけられることでしょう。本書が悔いのない道を歩むための光明となることを願っています。

CONTENTS

CONTENTS

教えて、大愚和尚

CONTENTS

第1章

お弔いのモヤモヤ

葬儀を節約する時代

まずは私が衝撃を受けた葬儀の体験談をご紹介したいと思います。
ある時、「父が亡くなりました」と連絡を受け、枕経のために指定されたセレモニー会場へ行くと、葬儀社の方が「喪主さんのご意向で今回の葬儀はホールではなく、控室で行うことになりましたので、申し訳ありませんが和尚さんに待機していただく場所がないのです」と切り出されました。控室での葬儀というのは聞いたことがありません。葬儀が重なったことによる苦肉の策なのだろうと受け止めて承諾したのです。
ところが喪主である故人の息子さんが私の顔を見るなり、こう切り出したのです。

「最低料金でお願いします、最低料金で」

挨拶も交わしていないのにいきなりお金の話ですか？　と呆気《あっけ》に取られているると、「お布施など払う余裕がありません。お金がないんです」と迫られます。

当時は副住職でしたので、「それでは葬儀には住職ではなく、私だけで参りますからお気持ちでお納めください」と言って枕経から帰りました。

その後、お通夜のためにあらためて斎場に赴き、駐車場の自分の車の中で待機していましたら、ほどなくして隣に超のつく高級車が移動してきました。咄《とっ》嗟《さ》に運転席へ目を向けて思わず目を疑いました。

勘のいい方ならおわかりかと思いますが、運転していたのは「最低料金でお願いします」「お布施を払う金がありません」と話しておられた喪主の男性だったのです。のちに知ったところによれば、その息子は妻の父親から受け継いだ会社の経営者だということで、大変にリッチな暮らしぶりだということでした。

遺言は最強？後ろめたさの裏返し

これは極端な例ですが、最近では親御さんが亡くなり、葬儀の喪主を務める息子さんや娘さんから打ち合わせの席で「親が遺言で『葬儀は最低限でいい』と言っていたので直葬で」と依頼されることがあります。狭い地域のことですので私は息子さんや娘さんの生い立ちを知っていて、「この人は幼い頃から私学に通わせてもらい、留学もさせてもらった、結婚式の費用も出してもらった、家も建ててもらったのに？」と内心びっくりしたこともありました。

「親の遺言で」は大義名分。本当は親の葬儀にお金を出すのが嫌なのです。こちらから尋ねたわけでもないのにわざわざ「親の遺志で」と強調するのは、後

ろめたい気持ちの表れだと私は思います。本来、葬儀は故人の死を悼む遺された人が自主的に行うもの。故人の遺言がどうであろうと、恩を感じているのならできる限りのことをしたいと思うものなのではないでしょうか。目先のお金のことにとらわれ、自分の心をおざなりにしてしまうのは、あまりにも短絡的だという気がします。

お弔いにはこうしなければいけないというルールはありません。ですから葬儀にしても、告別式などを行わずに直接火葬場へ遺体を運んで火葬する「直葬」であろうと、通夜を執り行わない「一日葬」であろうと構わないのです。その後に悔いが残らないのであれば。

私はさまざまな理由から身近な人の葬送儀礼を闇雲に簡素化したり、本来果たすべき役割を放棄した結果、大きな後悔に苛《さいな》まれている人を数多く見てきました。といって葬儀をやり直すわけにはいきません。取り返しのつかない後悔は、その後の人生に暗い影を落とし、すっきりと生きることができなくなってしまうこともあります。これは苦しいです。

結局のところ葬儀はちゃんとしなさいという話か、お坊さんだもんねと受け取られてしまいがちですが、私が僧侶だから言うのではありません。たくさんの遺族の方々が、**葬儀が終わったあとに、葬儀のやり方について自分たちが下した決断に対して、後悔に苛まれている姿を見てきたうえで思うこと**なのです。

親の葬儀は子供が自立する儀式

お金を出し惜しむ人がいる一方で、借金をしてでも親御さんの葬儀をなさろうとする方もおられます。

ある日の未明に玄関の呼び鈴が鳴ったので出ていくと、近所に暮らす男性が冷たい雨に打たれながら軒先で土下座をしていました。驚いて「どうしたのですか？」と尋ねると、「母ちゃんが死んだ、金はないけど人並みのことをしてやりたい。何とかしてもらえないか」と言うのです。

ご近所さんでしたので私はその方の事情を知っていました。母子家庭で育ったこと、軽度の知的障がいがあることから家に引きこもりがちであることも。

そういえばと私が思い出したのは、以前、火事によりご家族も何もかも失ってしまった方が喪主を務める葬儀を福厳寺で執り行った時のことでした。その折、師匠は「お布施はいりません」と伝えていたのです。そこで今回も、と私から師匠に提案したところ、今回は「何年かかってもいいからお布施をきちんと納めていただくように」との回答でした。

葬儀のあいだ中オイオイ泣いていた男性のことを私は案じていましたが、翌月になってお布施の一部を届けにみえた折に「働くことにした、酒は控えることにした」と報告を受けます。そして、そこからほぼ毎月、なけなしの給料の中から少しずつお布施を包んで持って来られ、3年ほどかけて葬儀や法要のお布施を納め続けたのでした。これで完納というとき、男性の表情は晴々として、精神的にも経済的にも自立しておられました。私は師匠の真意に触れ、葬儀を行うことの意味や、僧侶としての役割について深く学ぶに至ったのです。

もし現代社会が「自分さえよければいい」という発想で生きる人たちで溢れていたら、もし親子をつなぐものがお金だけになっているとしたら、私たちは本来の精神性や本来の親子の絆を取り戻さなくてはいけないと思います。

仏教の世界で自分のことしか考えないことを「自利心」、他者を優先することを「利他心」と言います。人は誰でも自分が一番かわいいのです。ですから、ともすれば「自利心」に傾いてしまいがちですが、**本当に自分がかわいいのなら「自利心」と「利他心」の岐路を見極め、損得勘定を抜きに利他心を選ぶ**。このことが幸せに通じます。葬儀であれば故人の気持ちを思い、どうすれば喜んでいただけるのかを考える。その心が故人に届いたと思うことで、見守られていると感じるのです。

つまり葬儀は故人との別れを悼《いた》む機会であり、その後に行われる法要やお墓参りや日々の中で仏壇に向かうという行為は、葬送儀礼をきっかけに仏の教えに触れて、遺族間の関係を見直し、一人一人が正しき心で生きますと誓いを立てる機会。

こんなふうに受け止めていただきたいのです。

お弔いは生きている人の癒やし

お弔いのありようについてより深く考察していただくために、仏教の成り立ちについて少し触れておきます。

仏教の「仏」とはお釈迦様のことですが、お釈迦様は約2600年前に実存した人物です。お釈迦様は現在のネパールにあたる北インドでシャカ族の王の息子として生まれ育ちました。大変に恵まれた環境で暮らしておられたわけですが、城の外で民衆の暮らしに触れ、人生の転機を迎えます。この世には飢えや病気や老いや死といった苦しみが渦巻いていて、人はそこから逃れることはできないのだと知り、人生の無常を感じて苦悩するようになったのです。29歳の時に地位も財も家族も捨てて出家し、大苦行を6年間続けた末に苦行では悟りを開くことはできないと考えたお釈迦様は、菩提樹の下で静かに瞑想に入り、7日目の未明、真理に目覚めたと言われています。こうして35歳でブッタ（目覚めた人）となったお釈迦様は、80歳で生涯を閉じるまで、人々に苦しみを手放して心穏やかに生きていくための道を説き続けました。「周囲と調和して心穏やかに生きていく」、つまり「慈悲心と智慧を育みながら生きていく」とも言えます。慈悲心があれば周囲と衝突することはありません。智慧があれば世の中を正しく見つめることができる。つまり、より巧みに生きることができるのです。このお釈迦様の教えを自ら体現しながら、人々に広く伝えることが、お釈迦様の弟子としての僧侶の役目となります。

さてここからが大事なところなのですが、葬儀や法要、お墓参りといったお弔いは故人のために行うのではありません。では、何のために、誰のために行うのでしょう。

お釈迦様は弟子から死後のことについて訊かれた時に「死んだあとのことはいくら考えてもわからない。それより今日という日を明るく生きるためにはどうしたらいいのだろうと考えて実践することです」とお答えになりました。

そう、仏教の対象はあくまでも生きている人なのであり、今をどう生きるのかが大テーマです。ですから、**お弔いもまた、人々が死別の苦しみを乗り越えるための癒やしの機会であり、自らの生き方を見つめ直すためのチャンス**なのです。

死を悼む本能

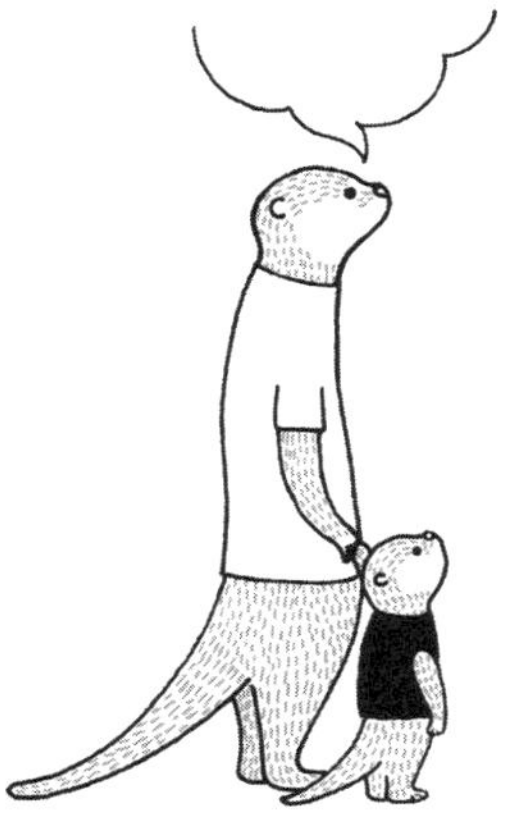

周知のように新型コロナウイルス感染症の影響で社会は一変しました。お弔いのありようも例外ではなく、コロナ禍においては葬送儀礼を行うことのできない時期が続いたために簡素化を余儀なくされました。けれど人の心までもが簡素化してしまったのかというと、そうではないように思います。むしろ人々の「死」や「お弔い」に関する意識は高まっているのではないでしょうか。

私のお寺でも、コロナ禍にご家族を見送る葬儀を少なからず行いました。この時期の見送りを経験された方々は一様に、満足に見送ることができなかったことが気がかりでならない、とおっしゃり、後悔の念を持つ方も少なくありません。そうした方の多くが、人の死や葬儀の意味について、一層深く考えるようになったとおっしゃいます。そして、せめて供養だけはきちんとしたいと、足しげくお墓参りをしておられるのです。

これは私のお寺に限ったことではないはずです。なぜなら人が人の死を悼む気持ちは人間の遺伝子の中に組み込まれている本能なのですから。

歴史上初めて葬儀が行われたのは今から約6万年前だと言われています。イラク北部にあるシャニダール洞窟でネアンデルタール人の骨が発掘され、その周辺から花粉がみつかり、仲間が死者に花を供えたものと推測されているのです。わざわざ花を摘みに行くのは、愛する人が死んでしまったことを受け入れるために必要な時間であり、行動なのでしょう。遺体に供え物をするのは、遺された者の気持ちを癒やすための行為といえます。

葬儀の原点に遡ることで、葬儀に対する人の心の根源が浮き彫りになってきます。

人間だけではありません。犬が庭の土を掘って死んだ我が子を埋めるとか、シャチが死んだ子どもを背中に乗せて1カ月も漂流しているとか、チンパンジーの母親が白骨化した子どもを首の周りに巻きつけて離さずにいるといった様子が報告されています。どうやら人間を含む高等動物は誰に教えられたわけでもないのに、仲間の死を理屈ではなく本能的に悼むようです。

時代が進むと、王族が葬儀の大きさを競うようになったり、一般の人たちも世間体を気にしたりするようになるのですが、原点に立ち戻れば、どんな場所で葬儀をするのか、僧侶を何人呼ぶのか、幾らくらいお金をかけるのかなど、どうでもいいことだといえそうです。「人並みに」と望まれるご遺族が多いのですが、**人並みであることより「自分なり」であるほうがずっと尊いこと**であると思います。

形より心が先です。心に従えばいいのだとシンプルに捉えれば、お弔いに対するモヤモヤとした気持ちを手放すことができるのではないでしょうか。

坊主丸儲け？　葬儀がなくならない理由

仏教はインドで誕生し、紀元前1世紀頃に現在のパキスタンであるガンダーラ地方へ広がりました。そこからシルクロード経由で中国に伝わり、朝鮮半島を経て日本に入ってきたのは6世紀中頃だといわれています。

日本でいち早く仏教を受け入れたのは蘇我馬子《そがのうまこ》と聖徳太子で、同時期に蘇我馬子は奈良に飛鳥寺を、聖徳太子は大阪に四天王寺を建立しますが、長いあいだ仏教は民衆には縁遠く、葬儀も一部の限られた人たちの特権でした。一般には弔いに関する知識がなく、人が亡くなると山や川に葬っていたのです。

その一方で仏教は日本の特権階級に浸透していきます。鎌倉時代になると、法然による浄土宗、親鸞による浄土真宗、栄西による臨済宗、道元による曹洞宗、日蓮による日蓮宗などの宗派に枝分かれしていきました。

一般の人たちに葬儀を広めたのは曹洞宗です。他の伝統仏教の宗派のご本山は京都や鎌倉といった都にありましたが、曹洞宗の開祖である道元禅師は都で政治と結びついた仏教に落胆し、本物の弟子を育てるべく福井県の山の中に大仏寺（のちに永平寺と改名）を建てます。ところが道元禅師が亡くなられた後、飢饉や戦などさまざまなことが起こって全国的に社会情勢が乱れ、民衆は貧しい暮らしを余儀なくされてしまうのです。社会が困窮すれば多くの修行者が集まって集団生活を送っている道場の経営も困窮します。ましてや永平寺は福井の山の中ですから、修行自体が成り立たなくなってしまいました。

そんな中、一般の人たちの葬儀を行ってお布施を得るという着想をした曹洞宗の僧侶たちは、これを積極的に実践して経営基盤を築きます。やがて他の宗派も曹洞宗に倣うようになったのです。

かくして私が幼少時代に苦しめられた「坊主丸儲け」という言葉が生まれたというわけですが、そもそもお寺が経営基盤を築かなくてはいけないと考えたのは、根底に人々にとっての拠り所をなくすわけにはいかないという想いがあってのことです。その想いと人々の故人を悼む気持ちが合致したことによって葬送儀礼は大衆に広がったのではないでしょうか。そして**お弔いによって人の心を癒やすことができるという事実が、生きる真理を伝える仏教の理に適っていた**からこそ絶えることなく、脈々と続く風習となったのだと私は考えています。

幸せな葬儀、不幸せな葬儀

私が僧侶の見習いとして初めて葬儀に出たのは5歳の時です。読経に合わせて木魚を叩くのが務めでしたが、子どもでしたので集中することができず、もっぱら弔問客を観察していました。

ある時、大きな葬儀が執り行われました。故人は企業経営者で、現役で仕事をされていましたので立派な祭壇が作られ、僧侶がズラリと並んで読経する中、何百人もの弔問客が参列する社葬でした。葬儀が始まる前にすでにたくさんの方が会場に並んでおられて、葬儀社の方がマイクで「お焼香は丁寧に1回でお

願いします」と伝えていたのを覚えています。ところが3回お焼香をする人が多くてなかなか葬儀が進みません。子ども時代のことですからご勘弁くださいという前置きをしたうえでお話ししますが、私はまだ続くのか、いつになったらこの葬儀は終わるのだろうと思いながら、いつにも増してじっくりと弔問客を観察していました。

するとー見丁寧に焼香する大人たちの中に白々しい人が多いことに気づいたのです。この葬儀には何だかわからないけれども違和感がある。当初は違和感の理由がわかりませんでしたが、あとになってあれは弔問客の多くが故人を悼み、遺族を慰めるために集まっているのではなく、「義理で来ているからだ」と気づいたのです。

今では、それもまた大人のつきあいだと理解できますが、子どもの私には、義理でお弔いすることに何の意味があるのだろう？　なぜ大の大人がこんな茶番劇をするのだろう？　と不思議で仕方ありませんでした。いずれにしても、そのような葬儀は「不幸せな葬儀」だと感じていたのです。

同じ頃、地元で小さな農業を営んでいた一人暮らしのおばあさんが90歳で亡くなり、近所の公民館のこぢんまりとした部屋で葬儀が執り行われました。喪主である息子さんが「故人が親しくしていた親戚や友人はすでに他界しているか施設や病院に入っているので、弔問に来てくださる方がいるかどうか。せめて自分ら家族できちんと見送ってやりたい」と話すのを私は父のそばで聞いていたので、これも時効とお許しいただきたいのですが、長丁場になることはないなと安堵していたのです。

ところが蓋を開けてみたら次々と弔問客が訪れ、会場の外に長蛇の列ができるほどでした。

最初のうちこそ想定外の展開に困惑していたのですが、いつものように人間観察を始めると、思わず心を奪われ時が経つのも忘れてしまいました。どの人からもおばあさんの死を悼む気持ちがにじみ出ているのです。しっかりと遺影を見つめて「ありがとうございました」と深々と頭を下げる人、目にいっぱい涙をためてお焼香をする人、流れる涙を拭うのも忘れて拝む人……。

いつもうちのお寺に配達に来てくださる宅配便のおじさんまでもが、仕事の合間を縫って制服姿で駆けつけていたのです。私は手が痺れるほど木魚を叩き続けながら、今日の葬儀は幸せな葬儀だと胸が熱くなりました。

こんなにも人に慕われているおばあさんって何者？　と思っていたので、後日、葬儀に来られていた宅配のおじさんに訊いてみたのです。すると、あのおばあさんは誰にでも気さくに話しかけ、優しい心配りをする人だったと。暑い日に冷たい麦茶を振る舞ってくれたり、畑でとれた野菜を持って行ってと手渡してくれたりしたことが忘れられない。いつも決まって「ご苦労様です。あんた偉いねぇ、しんどい仕事なのに」と労いの言葉をかけてくれたことがどれだけ励みになったかわからないと話してくれました。

葬儀といえば「不幸があった」と表現されますが、葬儀には幸せな葬儀と不幸せな葬儀の二つのパターンがあるのです。その人の**死にざまに、生きざまが表れる。そして生きざまは、葬儀に表れる**のだと確信しています。

次項からは、お弔いに関する皆さんの疑問に対し、私なりの考えをお話しします。

教えて、大愚和尚①

故人の遺志と親族の意見、折り合いがつきません

どちらを優先すべきか。それは喪主であるあなたがどう思うのか、に従うべきでしょう。本書の冒頭で「葬儀は誰のためにするのか」ということについてお話ししましたが、葬送儀礼は主に遺族の心を整えるために行うというのが仏教的な解釈だと私は考えています。

それからもう一つ、葬儀を行うのは遺族であって、故人ではありません。あくまで遺された人が葬儀の動向を握っているのです。ですから自分の死後には

こう弔ってもらいたい、とあらかじめ言い残すことは結構ですが、見ることも、参列することもできない自分の葬儀にまで口出しするとは、人間とはどこまでいっても「自分本位な存在だなあ」と思います。

ただし遺族が迷わないようにと故人が意志を残すこともあるでしょう。子どもや家族を思えばこそです。あるいは自分は無縁仏になるから、人様に迷惑をかけないようにと、どのように弔ってもらいたいかを明確にしておくこともある。これは自己責任で生きていくことの一環なのでしょう。

そのうえで改めてお伝えします。

ご親族の方から家のしきたりを尊重すべきだとか、故人の遺志どおりにしてしまったら世間体が悪いなどといった意見が出た場合、あなたが故人の遺志を尊重したいと思うのであれば、その遺志を貫いてよいのです。ただし、その場合も親族と喧嘩をしたり、感情的になったりすれば故人が悲しむということを忘れてはいけません。きちんと説得することが供養の一環と捉え、冷静に話し合いましょう。

葬儀は遺族の心を整えるために行うもの

教えて、大愚和尚②

家族葬にするなら、故人の友人・知人に伝えるべきか

お伝えになるのが望ましいと思います。コロナ禍にお亡くなりになった方の葬儀をめぐり、こんなことがありました。

初夏にお父さんが他界され家族葬が行われたのですが、喪主である息子さんはお香典や御霊前のご厚誼をいただくことに対する心苦しさから、故人の死を親戚以外の誰にも伝えなかったそうです。そうして暮れになって故人が残しておられた住所録などを頼りに幾人かの方に喪中はがきを送ったところ、お父さ

んが生前に親しくしていた方から電話があり、猛烈に抗議をされたと言います。何故、すぐに報《しら》せてくれなかったのか、自分は故人とは親友として何十年もつきあってきたのにと。

私は葬儀というのは三つの想いに向けて行うものだと思うのです。**故人の想い、ご遺族の想い、そして故人と生前にご縁のあった方の想い**。故人が心を通わせていたのは肉親だけではありません。幼馴染み、学生時代の友達、仕事仲間といった人たちと刺激を与え合い、共に成長してきたことを想像してみてください。そのすべてが故人の人生なのです。そして、それは同時に故人とのご縁に感謝している人がいることを意味します。故人は家族だけの存在ではないのです。

家族葬がよくないというのではありません。コロナ禍においては家族葬しか許されず、また感染を思えば家族葬が賢明だったといえるでしょう。けれど事情はどうであれ、故人が心残りなことはないか？　と思いをめぐらせてみる。このことが供養につながるだろうと思います。

私はアレルギー反応が引き起こすアナフィラキシーショックによって死にか

けたことがあるのですが、意識が遠のいていく中で、「死ぬのはいいとしても親しくしていた人にきちんと別れを告げたかった、お礼を伝えたかった、それだけが心残りだ」と思っていました。

こうした臨死体験から申し上げます。死の直後にとは言いません。できれば荼毘に付す前、あるいはせめて四十九日を迎える頃までに、「こういうことで何月何日に他界しました。生前はお世話になりありがとうございました」と故人に代わって伝えるのです。そうすることで故人は安心して旅立つことができるのではないでしょうか。

そもそもお香典や御霊前はお悔やみの気持ちを表すためのもの。お金や物は遠慮してもよいのですが、人の気持ちに対しては遠慮するもしないもありません。半年も経って喪中はがきで故人の死を報されても気持ちの持っていきようがないと虚しく感じる人がいても不思議ではないのです。

早い段階で訃報を受ければ、弔問できずとも故人と心の中で向き合い、語り合うことができます。感謝することができます。ご冥福を祈ることができます。これがお見送り。故人の供養にもつながるというのが私の考えです。

弔問できなくとも、
心の中で向き合う
ことはできる。
それも供養のかたち

教えて、大愚和尚③

直葬・一日葬でも成仏できますか

そもそもどんな葬儀をしても人は成仏できないのです。

成仏とは覚《さと》りを開くという意味ですが、お釈迦様でも大修行を積んだのちにようやく成仏なさいました。それなのに私たちが葬儀を行っただけで覚りを開くことなどできるわけもありません。葬儀は遺族に、癒やしやケジメ、故人無しで生きていく自覚をもたらすものであって、葬儀や読経によって故人が成仏するわけではありません。もし仮に故人の霊が存在したとして、彼らは遺族が葬儀を通じて心を寄せ合い、互いに支え合ってその悲しみを乗り越えようとしている姿に安心を覚えるのです。

故人が成仏するかどうかはさておき、直葬であっても一日葬であっても問題はないのか？　と訊かれれば、問題ありませんと答えます。立派な葬儀というとお金をかけた大きな葬儀を連想するのではないかと思いますが、私は遺族や近しい人たちの真心に包まれた葬儀であると捉えています。つまり葬儀に絶対不可欠なのは見送る人のお弔いの心だとお伝えしたいのです。

実際には親御さんが亡くなり、自分が喪主を務める際に、忙しさを理由に葬儀を簡素化するというケースが目立ちます。仕事に追われてさぞかし時間がないのでしょう。けれど親を見送ることは人生の一大事。どんな仕事より重要だと言えるのではないでしょうか？

もとより現代の葬儀は合理化しています。家で葬儀を行っていたころと違い、葬儀社に一任すれば通夜から葬儀、告別式、火葬まで滞りなく行うことができるようになりました。

葬儀のありようは本当に変わったなとつくづく思うのです。

たとえば私が子どもの頃は病院で息を引き取られた場合にはまずお寺に連絡が入りましたが、今は病院と契約を結んでいる葬儀社を介してお寺に連絡が入る流れになりました。

コロナ禍に大打撃を受けた葬儀社は、大きな斎場を維持していくことが困難になり、「小さなお葬式」を数多く行って回転数をあげることで採算をとる手法を打ち出しています。生き残りを賭けた企業努力とも言えます。


葬儀社の勧めで「小さなお葬式」を執り行ったものの、あとになって一般葬をすればよかったとおっしゃる方もいますが、葬儀社側の事情を知らなければ提案を受け入れるしか術がありません。

考えたうえでの選択なら良いのです。けれど小さなお葬式というものが、なぜこんなにも声高に呼びかけられているのでしょうか？　小さなお葬式には、メリットもデメリットもあると知っておく必要はないでしょうか。

葬儀における後悔を回避するためには、いざという時にどうするかの大枠を決めておくとよいでしょう。

「故人を見送って以来、家族が病気になったり、事業が傾いたり、子どもがグレたりするようになった。葬儀を簡素化したから故人が怒っているのではないか？」といった相談を受けることがありますが、故人の怒りが災いをもたらしているなどとは到底思えません。これは葬儀を簡素化してしまったことに対する罪悪感から沸き起こるものでしょう。

故人に対する積年の想いから、直葬や一日葬で十分だという発想につながるというケースもあります。

故人の生き方に問題があったなら、仏教が説くところの「自業自得」といえるでしょう。「業」とは人間の行いのこと。「善きことも悪しきことも自らの行いによって結果が生じる」という意味です。たとえば女性をつくって家族を捨てた父親が最終的に孤独になり、子どもに看取られて死にたいと望んでも叶わないといったことがありますが、それは自分の生き方が招いた報いだといえるのです。

とはいえ、私はお弔いはきちんと執り行うほうがいいと考えます。自業自得は悪い意味で使われることの多い言葉ですが、本来は自らの善き行いが善き結果を生むという意味でもあるからです。

今の自分があるのは故人のおかげだと大きな気持ちで捉えてゆるすことは、自分自身をゆるすことにつながります。仏教では「瞋《じん》（怒り）」を心の毒であると捉えていますが、故人をゆるすことで自分を苦しめていた「瞋」と決別することができるのです。

そのうえで、どのような葬儀を行うのかを今一度考えてみていただきたいと思います。

積年の想いがあっても、ゆるすことで、苦しみと決別できる

教えて、大愚和尚④

戒名がなくても、大丈夫ですよね？

戒名がなければあの世へ行けないのなら、キリスト教など他宗教を信仰なさる方はあの世へ行けないということになってしまいます。

もちろんそんなことはないだろうと思うのです。

ただし、仏教徒であるならば、戒名を持つことをお勧めします。

日本で戒名をつけるという習慣が生まれたのは江戸時代。

「現世で仏教に触れていなかった故人は死後の世界でどうなるのだろう？」
「煩悩を抱えて生きた故人は葬儀をしたところで浮かばれるのだろうか？」と遺族が心配することが多くなり戒名が授けられるようになりました。

ここから戒名は死後に授かるものという認識が広まり、現代でもそう捉えている方が数多くおられます。けれど元来、戒名は生前に出家した時に、仏教に帰依した人が授かる名前。仏門に入った証しとして与えられるのです。

そこで私が住職を務める福厳寺では、年に2回の授戒会を通して生前に戒名を授けることを大切にしています。

さまざまな理由から生き方を変えたいという方を中心に年々授戒者が増えており、コロナ禍を機に孤独の苦しみを手放したいという方が多くなりました。幼い頃に親御さんに捨てられたといった経験から、俗名を捨てて辛い過去と決別したいとおっしゃる方もおられます。

いずれにしても親御さんにつけてもらった俗名とは別に戒名を授かることによって、仏弟子としての自覚を備え、「戒」という生きていくうえでのルールを守って正しき道を歩むことが目的です。

死後に授けられた戒名を故人は認識することができませんが、生きているうちなら、自分の戒名を認識し、自覚をもって生きることができるのです。

生きているうちに
戒名を持ち、
戒名に相応しく生きる、
という選択もある

教えて、大愚和尚⑤

長い戒名は、徳が高いのですか

ならば死後に戒名を授かることには意味がないのかといえば、そんなことはありません。戒名は生きている人が故人のことを忘れないようにする役割を担っているからです。

私が戒名をつけさせていただく時には、ご遺族から故人の話をお聞きし、そのお人柄にふさわしい文字を探して戒名に入れます。たとえばお母さんが明るい人だったということであれば、明るく朗らかな印象を与える文字を選びます。

ご遺族が戒名を目にするたびにお母さんを思い出し、お母さんの生きざまを見習って生きていこうと考える。このことは遺された人の人生を整えるうえで大いに役立つことでしょう。

昔から戒名には位があり、天皇や貴族などの最高位を表す「院殿号」、生前にお寺を建てるほどのお布施をした人や、高い地位についていた人にだけ授けられた「院号」などがあります。その名残を受けておそらくどこのお寺でも菩提寺に貢献なさった方やお檀家さんのまとめ役をされた方には「院号」が贈られていると思います。

世代交代を繰り返すなかでお寺と檀家さんとのつながりは薄れていき、現代社会においてはお寺の活動を支えてくださる方は少なくなりました。

そうした中、福厳寺では院号をつけて欲しいとおっしゃる方には、それなりのお布施を納めていただいています。

そのお布施は僧侶の懐に入るわけではなく、仏法僧に対してのお供えものとして納め、その後、老朽化したお寺の建物を修理したり、仏具を買い直したり、墓地の整備をしたりするための費用に充てているのです。

戒名を見るたび
故人を想う。
すると人生が整う。
そんな効用もある

教えて、大愚和尚⑥

お布施の相場、教えてください

お布施は法要に対する対価ではなく、各々の志として、また功徳として納めていただくものであることから金額は決まっていません。したがって相場も存在しません。何でもお金で換算する世の中には馴染まないシステムだといえそうですが、お金でものごとを測らない価値観もあることを伝えるお布施には大きな意味があると私は思うのです。

お布施は対価ではないとお伝えしました。僧侶が葬儀にきて読経したら幾らということではなく、仏様に対する感謝の気持ちとしてお寺に納めるものです。みんなのために使ってくださいという心の表れであり、「喜捨《きしゃ》」とも言われます。みんなのために喜んで自分の持っているものを手放し、幸せを分配することが功徳を積むことにつながるのです。僧侶である私がこういう話をすると綺麗ごとだと言われてしまいがちですので、現実的なことにも言及しておきたいと思います。

日本全国に点在するお寺の数は7万7000ほどで、コンビニエンスストアの数を超えるといわれています。現代より人口の少ない時代にどうしてたくさんのお寺が建てられたのかといえば、人々の暮らしに欠かせない存在だったからでしょう。

もともとお寺は修行僧育成施設でしたが、やがて「寺小屋」といって学校の役割を担うようになりました。さらにキリシタン弾圧に踏み切った江戸幕府から関所を通る時に必要な証明書を発行することを命じられます。つまりお寺は今でいうところの役所でもあったのです。また、人々のさまざまな悩みに対応する「よろず相談所」でもありました。

江戸時代に役所の役割を果たしていた頃、地域の人をまとめる檀家制度が生まれました。これが現代でいう「檀家」の由来です。お寺は葬送儀礼や法要を通して檀家さんが納めた布施によって支えられています。国宝級のお寺であれば観光名所として拝観料を募ることもできますが、多くの場合はお布施で運営しているのです。

しかし、檀家さんが高齢化し、昨今では菩提寺を持たない人も増えています。お寺の年収（住職個人の年収）の全国平均額は200万円といわれる厳しい状況の中、都市部に広大な境内地があり、土地を貸し出して家賃収入などが入るお寺ならまだしも、過疎化の進む地域にあるお寺は持ち堪《こた》えることができるかどうかの瀬戸際に立たされています。それでも菩提寺としての責任を放棄するわけにはいきません。お寺をよすがにしている方がいる限り守り抜かなくてはいけないと、どのお寺の住職も考えていることでしょう。

このようにお寺の財政事情は厳しい。それでも、僧侶にお布施の金額を尋ねれば「お気持ちで」と答えるばかりでしょう。金額を示せば対価と誤解されてしまうからです。

親の代からおよそのお布施を伝え聞いていればイメージしやすいのでしょうが、現実には伝えられていないことも多いのです。「お気持ち」と言われても難しい、とおっしゃる方が多くいます。

そこで「あなたらしいお布施」を提唱するのですが、これまた難しい。普段は自分らしい生き方やファッションにこだわる人も、自分らしいお布施といわれると躊躇《ちゅうちょ》してしまいます。

故人の手前ケチるわけにはいかない、かといって多く包むのも惜しい気がするなどとグルグルと考えをめぐらせるのは人間らしいと個人的には感じますし、これもよい経験です。お布施は仏様、仏様の教え、そして僧侶に対して積む功徳として、また自らの執着を手放し、心を浄《きよ》めるための「浄財」であると考えて、損得勘定を抜きにして、自分が「これぐらいお納めしたい!」と心が落ち着く等身大の額を納めていただきたいと思います。

お布施は損得勘定抜きに心が落ち着く等身大の額を

教えて、大愚和尚⑦

故人がキリスト教に改宗していました

日本国憲法第20条に「信教の自由」という項目があります。信教の自由とは、個として特定の宗教を信じる自由、信仰を変える自由、宗教を信じない自由を指します。このことを私は人間の尊厳を守ることに通じると捉えています。

実のところ、代々仏教を信仰する家に生まれ育った方が他宗教に改宗なさるケースは珍しくありません。私が相談を受けた方の中にも、友達に誘われて近くの教会で行われる日曜学校に行ったことをきっかけにキリスト教の教えに触れ、人生観が変わったという人がいます。家は仏教なのだけれど改宗してもいいものか？　と悩んでおられたのですが、私はよくよく考えてのことならキリスト教を心の拠り所として生きたらいいと思いますとお伝えしました。人が生きづらさを手放すためにどう生きるのかを説くのが仏教の本質です。生きづらさを手放すためには仏教を信仰するべきだとは説いていないのです。

仏教にもさまざまな宗派があり、たとえば曹洞宗から真言宗に改宗する方もおられます。私にしても「生きている人が生きていくための道を説く」という本来の仏教を重んじて佛心宗を立宗し、従来の習慣や常識に捉われない会員制の寺院として新たなスタートを切りました。つまりお寺ごと改宗したわけです。

といってそれまでの曹洞宗を否定するわけではありません。これは宗教を変えたいという方にもお伝えしていることですが、自分が「個」として改宗することと、家に代々伝わる信仰を否定することは別問題。自分は好きにしてもよいけれど、ご先祖様の信仰も受け入れるというのが正しきありようだと思います。ですから改宗するにしても改宗していない家族の葬送儀礼は従来のスタイルで行う、お墓参りもする。その家に生まれたことを否定せず、すべきことをしてこそ自由な道を歩むことができるのだと捉えることが大切だと思います。

信教の自由が法律によって定められたことには、キリスト教弾圧の時代や、戦後、GHQが日本人をコントロールするための政策の一つとして強い信仰の解体を行ったという背景があるのですが、時代はすっかり変わりました。現代では、法律によって定められるまでもなく日本人の宗教観は大らかです。家が仏教でもクリスマスを祝い、ハロウィンに沸いています。世界では宗教をめぐり戦争が起きていますが、日本には多様な宗教を柔軟に受け入れる土壌がある。これはあからさまな対立を嫌う日本人の特徴といえるでしょう。

結婚式は家が仏教であっても教会で挙げることに対して異論を唱える人はいないのに、葬儀に関しては自分の家の信仰にこだわるというのもおかしな話です。故人が家とは別の宗教を信仰していたのなら、それも自由だと理解して、その信仰に基づいたお弔いをなるのがよいと私は思います。

心の拠り所を変える自由もある

教えて、大愚和尚⑧

「死に装束」は必要でしょうか

死に装束にこだわることはないでしょう。

宗派によって考え方は異なりますが、仏教では主に亡くなった人は仏様のいる極楽浄土へ向かうことを理想としています。真っ白な死に装束は、生存中に抱いていた煩悩を手放し、真っ白な心で極楽浄土までの旅路をつつがなく歩んで欲しいという意味があるのだと私は解釈しています。

こうした見送る側の気持ちは尊いものですが、昨今では死に装束を希望しない遺族も増えています。故人が好きだった着物で、あるいは愛着していたスーツで旅立たせてあげたいというケースもあるようです。それもいいと思います。何を着用しても炉の中で焼却されてしまい、実際にあの世へ衣服を着ていくわけではないので、「好きにしていい」というのが結論です。

教えて、大愚和尚⑨

棺に写真を入れてはいけないと聞いたのですが

棺に写真を入れると写っている人が死にひっぱられてしまうとか、故人の執着が募ってしまうと考えている人がいるようですが迷信です。むしろ家族で写した記念日の写真などを棺に入れることで、「楽しかったね」「ずっと家族だからね」といった想いを伝え、心が癒やされるのならそれでいいのではないでしょうか。

棺に入れる物のことを副葬品といいます。本来は何を入れてもいいはずなのですが、土葬だった時代とは違い、現代の日本では火葬するため、有害物質の原因となるものやお骨を汚す可能性のあるものは避ける必要があります。

あの世でも困らないようにという配慮からメガネや入れ歯を入れたいと望まれるご遺族も珍しくありませんが、プラスティックやガラスは地球環境の問題上、燃やすことができないということです。火葬場で遺体を焼いた後に残る「残骨灰」から入れ歯に使われていた金が抽出できるとかで、安く「残骨灰」を引き取る業者がいるという話も耳にします。遺族の想いとは裏腹なとんだ顚末だといえますが、こうした現実があることも知っておくとよいかもしれません。

時折、「どうしてもだめですか？」と葬儀社の人に抗議をしたり、「これだけはどうしてもお棺に入れてあげたいので、なんとかお願いします」と交渉なさる方の姿を目にします。見送る方の優しさは理解できるのですが、現実的な問題を無視してまで副葬品にこだわるのはいかがなものでしょうか。「そうまでしなくていいから」と困惑する故人の声が聞こえてきそうです。

家族写真であろうと故人の遺品であろうと物は物でしかありません。副葬品にこだわるより、心に刻まれた故人との思い出を慈しみながら生きることのほうがずっと大切です。

旅立つ人へ
気持ちが伝わり、
送る人の心が
癒やされますよう

教えて、大愚和尚⑩

生前葬をして、お別れを伝えたい

経済的な余裕と時間があるのならなさればいいと思います。けれど葬儀は死後に行うものだというのが私の見解です。

繰り返しお伝えしているように、葬儀は遺族が故人の死を受け入れ、心を整えて生きていくことを一つの目的として行うもの。対して自分のために自分で行う生前葬は、死というものと向き合っているようでいて、実は違うのだと思います。

考えてもみてください。戦火に晒《さら》され、人々が死の恐怖と背中合わせに暮らすウクライナで生前葬を行おうという発想が生まれるでしょうか?

生前葬は頓智《とんち》の利いたイベントです。いつ死ぬかわからないというよりは、いつまで生きるかわからないけれど、これからもよろしくお願いしますという意味合いを強く感じるのです。


禅語に「一期一会」という言葉があります。「一期」とは一回の人生、「一会」とは一回の出会い。茶室で主人とお客さんが、これが生涯一度の出会いと思って真剣に向き合うというところから生まれた言葉です。

いつでも会えると思って人と向き合うのと、これが最後だと思って向き合うのとでは気持ちが違います。それに伴って言葉や行いも変わります。けれどいつ死ぬかわからないことを思えば、いつの時もこれが最後になるかもしれません。そうした覚悟を持って生きることが精神を鍛え、磨くことに通じていると思うのです。

毎日の暮らしの中で自分を律して生きると人は成長します。つまり生前葬を開催して、ご縁のあった人たちにまとめて感謝を伝えるより、今日会う人に誠意をもって接する。そのほうが有意義だと言えるのではないでしょうか。そういう生き方をしていれば、自分で自分の葬儀などしなくても、自分が死んだ時に周囲の人が心を込めて弔ってくれることでしょう。

とはいえ、そんなに堅苦しく捉えることはないのかもしれません。生前葬は本来の葬儀とは異なることをご理解のうえ、死後にもう一度葬儀をしてほしいのか不要なのか、遺族が迷うことのないよう伝えておくことも忘れずに。

頓智の利いたイベントでまとめて感謝するか、一期一会を大切にするか

教えて、大愚和尚⑪

「虫の知らせ」は迷信ですか

ある葬儀の折に、故人の娘さんからこんな相談を受けました。

「離れて暮らしていた闘病中の母のことを案じながら食事をしていたら不意にお茶碗が割れ、その直後に母が息を引き取ったという連絡が入りました。とても偶然だとは思えません。母がお別れを告げに来たのでしょうか？　それとも何か伝えたいことがあったのでしょうか？　それが気になって眠れないのです」

私はこうした不思議な現象を否定しません。たとえば田舎ではカラスが激しく鳴くのは人が亡くなることを告げるサインだと言われていて、確かにそうかもしれないと思っています。それから私の父方の祖母が「ああ、今日はどなたかが亡くなったね」と呟くと、檀家さんから連絡が入って訃報を受けるということがしょっちゅうでした。不思議な現象といえば、知り合いのお坊さんが家を訪ねて来られた折に「お堂にいたらお子さんの足音が聞こえました」とおっしゃるので、子どもなんていないのになぁと思っていたのですが、ほどなくして妻から妊娠したと報されてビックリしたこともありました。

不思議なことの多くは単なる偶然だろうと受け止めることのできるものでしたが、一体これをどう理解したらいいのだろうというような衝撃的な出来事を体験したこともあります。

あれは私が中学生の頃のこと。早朝に家の電話が鳴ったので出たところ、檀家総代さんでした。

「今週の日曜日に予定されている総代会に行けなくなったので、お師匠さんによろしくお伝えください」とのことだったので、わかりましたと言って電話を切ったのです。そして「総代さん欠席」とメモを残して学校へ行ったのですが、帰宅すると「総代さんが亡くなった」と聞かされました。驚いて「今朝、電話で話したばかりなのに！」と家族に告げたところ、母が「そんなわけない、昨日の夜中に亡くなったのだから」と。あの時ばかりは混乱しました。メモが残っているので幻聴ではないだろうし、といって死んだ人から電話があるはずもないしと。

不思議と怖く感じませんでした。何も怯えるようなことも、脅かされるようなこともしていないからです。

夜、お寺のお堂の見回りをするのが怖いという弟子がいます。実際に人影を見た、ヒタヒタという足音を聞いたと言うのですが、自分に疚《やま》しいことがないのなら怖がることはないのです。

怪談噺《ばなし》のようになってしまいますのでこれくらいにしておきますが、不思議な現象というのはあるものです。人の魂というものが存在するのかどうか私にはわかりません。ただ私たち人間が霊性というものを備えているのは確かなことだと思うのです。

虫の知らせなんて迷信だ、非科学的だと捉える向きもあります。けれど故人の死に際してお茶碗が割れたというような出来事を故人が別れを告げに来てくれたと感じるのなら、それはきっとお別れに来たのでしょう。故人と深い絆でつながっていると感じることが尊いことなのだと私は捉えています。

ここで気をつけなければいけないのは、そうした遺された人の想いというものを利用した霊感商法に騙されないようにすることです。故人がお別れを告げに来たとして、そこに大きな意味はないと受け止める。頼みごとがあるわけでも、困ったことがあるわけでもない、ただお別れを伝えに来ただけだと静かに受け止め、見守ってくれていると信じて、生きるための糧にしていただきたいと思うのです。

深い絆で亡き人と
つながっている。
そう感じられるのは
尊いこと

第2章

逝く人も送る人も幸せになる供養

死生観が育つ時間

一般的な流れとして人が亡くなると納棺され、通夜、葬儀、告別式、火葬という順を踏みます。そして火葬後に忌日法要を行います。現代では集約して四十九日法要をするケースが増えましたが、正式には七日ごとに七回の法要を行うのが習わしです。

仏教では人が亡くなるとこの世とあの世のあいだに流れる三途《さんず》の川を渡って浄土へ向かう冥土《めいど》の旅をすると考えられています（浄土真宗では命日に仏様になるという考え方）。三途というのは「地獄」「餓鬼」「畜生」という三つの悪道のことで、亡くなった人は生前の行いによって緩急三種に分けられた川の流れの

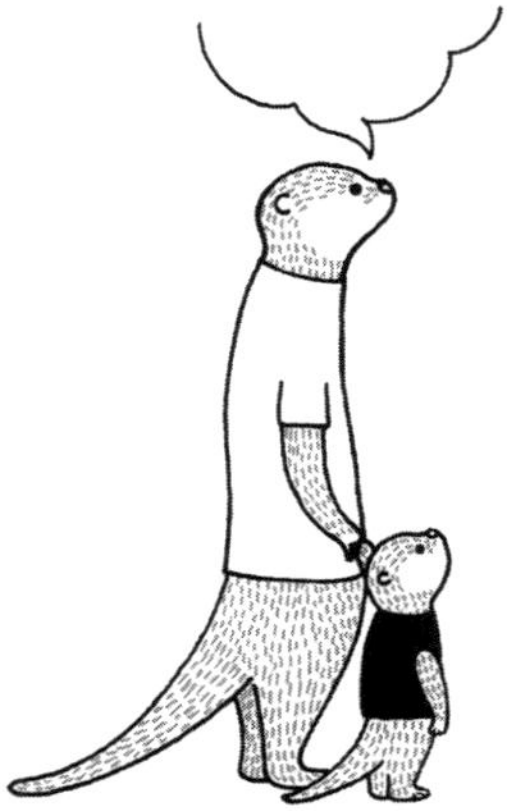

中を進むのです。どの流れの中を進むのかをめぐる審議が七日ごとに七回行われるのですが、もう一つ、苦行を経て菩提樹の下で深い瞑想に入ったお釈迦様が七日目の未明に覚りを開き、四十九日目に法話を始めたというのが四十九日の由来であるとする説もあります。

最初の七日は故人が三途の川にたどり着くまでの期間とされているので、命日から数えて七日目に故人が無事に三途の川を渡り切れますようにという願いを込めて行うのが「初七日」といわれる法要です。

そこからいよいよ三途の川を渡り始め、冥土にたどり着く四十九日目に閻魔大王の審判によって、故人が死後に過ごす世界が決まります。天国か地獄かといえばわかりやすいかもしれませんが、仏教では「天道」「人間道」「修羅道」「畜生道」「餓鬼道」「地獄道」という「六道」の世界に転生を続けていくものと捉えています。少しでも明るく過ごしやすい世界へ進めますようにという祈りを込めて行うのが四十九日法要なのです。

もちろん毎日拝んで忌日法要をするのが望ましいのですが、初七日法要と四十九日法要は特に大切な儀式。どんな人でも生きている間、一度も罪を犯さずに生きることはないでしょう。ところが本人は生前のことを覚えていないため、故人に代わって親類縁者が功徳を積むという意味合いがあるのです。

そしてここからが生きている人に生きる智慧を説くことを真髄とする仏教の真骨頂なのですが、故人の死と向き合う中で遺族は自ずと「生と死」について思いをめぐらせます。人が死後に冥土の旅を経て来世に生まれ変わるまでの期間を「中陰」と言いますが、**遺された人にとって中陰は死生観を育む時間。法要は人が成長するための通過儀礼なのです。**

後悔は人生のレッスン

日本で火葬が行われるようになったのがいつなのか定かではありませんが、遺体を焼却していたと思われる「カマド塚」が古墳時代の遺跡として発掘されていることから、古代から行われていたと考えられています。

仏教が日本に伝わった飛鳥時代には、お釈迦様が火葬されていることを知った特権階級の人たちのあいだで火葬文化が生じます。一般の人たちが火葬を行うようになったのは江戸時代です。それまでは土葬でしたが、土葬するための土地を確保することが難しくなったことや、衛生上の理由により徐々に土葬文化は薄れていきました。今も土葬が法律で禁じられているわけではありませんが、現在の日本では、火葬がほぼ100パーセントといわれています。茶毘に付され拾骨《しゅうこつ》し骨壺に納めると、葬儀のひととおりを終えることとなります。多くの場合、四十九日法要のあとに納骨式が行われ、お骨はお墓や納骨堂に納められます。

小さな壺に入れられたお骨。そこにはもう故人はいません。四十九日法要と共に故人はあの世へ向かったのです。けれど故人が生きた証しであるお骨は、形があるだけに故人そのものだと捉える方も多く、もう少し一緒にいたいと望まれるご遺族が少なからずおられます。

お寺の近くに住むご家族の高齢の妻が亡くなり、四十九日法要のあとも、ご遺族は「しばらく遺骨は家に置いておきたい」ということでした。

お墓に納骨する際には埋葬許可証を取得する必要がありますが、納骨しなければいけないという法律はありません。そこで、ひと月後に控えていた新盆(四十九日のあとに初めて迎えるお盆)の時期にしましょうかとお伝えしたのですが、百箇日を過ぎても連絡のないまま一年近くが過ぎました。

そろそろ一周忌法要だなと思っていたところ、娘さんから電話があり「母亡き後、一人暮らしになった父は引きこもりがちで、どうやら骨壺を前に三度の食事をしているようなのです。私が一周忌法要のタイミングで納骨しようと提案したところ激怒されました。和尚さんから説得していただけないでしょうか」と依頼を受けました。

実は奥さんの生前、ご夫婦の関係性はあまり良いようには見えませんでした。ご主人の奥さんに対する言葉がいつもキツく、端で見ていてハラハラしてしまうほどだったのです。それが今、奥さんの骨壺を前に三度の食事をしていると知って、生きている時に優しくして差し上げていたらよかったのにと私は思いました。生前の向き合い方への後悔が遺骨に執着する要因となっていると察したからです。

亡くして初めて故人の存在がどんなに大きかったのかに気づく人は少なくありません。どんなに詫びたくても故人はもういない。どんなに感謝を伝えたくても故人はもういません。そうした場合にはお骨がよすがとなってしまいがちです。

娘さんから依頼を受けた私は説得を試みましたが、ご本人は「今はまだ」と繰り返すばかり。その後も頃合いを見て「そろそろいかがですか？」と声をかけ続け、三回忌のタイミングでようやく納骨の連絡が入りました。

納骨後は気持ちが吹っ切れたのでしょう。外出することも増え、見違えるほどお元気になられたのです。娘さんから「父が別人のように朗らかになったのでびっくりしています」と伝え聞いて良かったなと思いました。

大きな後悔を通じて、生きることへの意識が変わられたのでしょう。

後悔はあっていいのです。もっとも身近な人の死に際して、悔いのない人はいません。元気なうちにもっと会っておけばよかった、もっと優しく接していれば、もっと寄り添えたのに……。

後悔は人生のレッスンです。亡くなられた方はさまざまな形で正しく生きていくための術を諭してくれるのです。

執着の手放し方

仏式の葬儀においては四十九日までを忌中とし、四十九日供養を経て忌明けを迎えます。その後も引き続き親族は故人を偲ぶ期間である喪中にあり、正月や祝い事など慶事を控えて慎んだ生活を送ることが習わしです。一年で喪中期間は終わり、その頃には愛する人との死別の苦しみも落ち着くケースが多いのですが、いつまでも喪が明けない家もあります。

その子が小学校1年生の時でした。新しいランドセルを背負って登校する途中に信号無視をした車による事故の犠牲になったのです。ご家族の衝撃と悲し

みの大きさは計り知れず、母親は精神状態が乱れ、葬儀に出ることさえできませんでした。告別式を行い、火葬の儀式をして、父親は四十九日を終えたらお墓に納骨してあげなければと考えていましたが、母親の哀しみから、しばらく近くに置いておきたいということになりました。

そのまま一周忌を迎え、三回忌を終えます。法要のたびにお宅に呼ばれて読経させていただきましたが、骨壷はいつもリビングにある仏壇の前に置かれていました。

けれどもっとも気になったのは、亡くなった少年のお姉さんのこと。とても虚ろな表情をしていたからです。すべてを諦めたような生気のない表情は母親と重なって見えました。うつ状態から仕事を辞めた母親もまた、家事もできずに一日中、リビングの遺骨を前にボンヤリと過ごしているというのです。

このままではいけないと強く思いましたが、状況は変わらぬまま七回忌を迎えました。父親がマンションの下で私を出迎え、「妻には、納骨に関して何もおっしゃらないでください」と耳打ちするのです。というのも、ご主人が七回忌を終えたら納骨しようと提案したところ、半狂乱になって拒絶したとか。和尚さんに迷惑がかかるといけないのでということでした。

承諾してお宅へ向かいましたが、玄関からリビングへと続く廊下を歩いている時に、ふと扉の開いていた部屋の様子が目に入り、愕然としてしまいました。少年の部屋は亡くなった日のまま、時間が止まっていたのです。畳んでベッドに置かれたパジャマ、読みかけの漫画は開いたまま、そして勉強机の上にはランドセルが載っていました。

時を動かさなくてはこの家の喪は明けない、これも僧侶としての仕事だと意を決しました。

「あれから丸6年経つのですね。息子さんが御存命なら小学校は卒業の時を迎えます。もうランドセルは使いませんね」と語りかけると、母親の形相が変わりました。「このままでは成仏できません。お母さまが息子さんの死を認めてあげることで、安らかに眠ることができるのですよ。お嬢さんも、前を向いて生きていけるのですよ」と伝えました。

そのまま2年ほど経った頃だったでしょうか。父親から納骨しますという連絡が入ったのです。あれから少しずつ現実を受け入れていき、子ども部屋にあったものを処分なさったということでした。そして最後まで残ったのが骨壺です。そんな中、大学受験を控えた娘さんが「あの子の分まで頑張る」と宣言すると、ご家族の決意が固まったようでした。

納骨して長年の苦しみに終止符を打つと、母親はうつ状態から回復、今ではパートの仕事をしておられます。

納骨は執着を断ち切る儀式でもあります。

道元禅師の言葉に「生をあきらめ、死をあきらむるは、仏家一大事の因縁なり」というものがあります。あきらめとは諦めるという意味ではなく、明らかにするという意味で、「生とは何か、死とは何かを明らかにすることが仏教においてもっとも大切なことである」という教えです。

生とは何か？　死とは何か？　という問いに対して、現代科学をもってしても明確に解き明かされていません。けれど、**この人はもういないと死を受け入れることが、人生を歩み続けるために必要なのです。**

話を聞いてくれる墓

お墓参りをすると心がスッキリすると話される方がいます。あるおばあさんは「じいちゃんを一人にしたら可哀想だ」と言って、お墓参りを日課にしています。お墓の骨に喜怒哀楽はありませんが、「じいちゃんが喜んでくれている」と信じることがおばあさんの元気の源になっている。お墓参りは遺族の悲しみを癒やすことにつながっているのです。

お墓を掃除して、柄杓で水をかけ、お花をお供えして、お線香を手向けるという行為を通じて心が整うという人もいます。無心で草取りをして、無心で墓石を磨き、綺麗になったお墓の前で静かに手を合わせれば自然と心が洗われ、

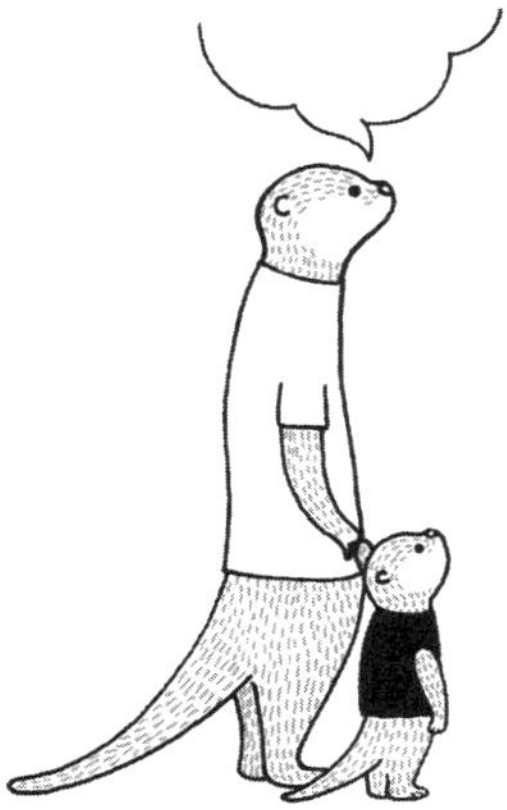

まっすぐに生きていこうという気持ちになるものです。

幼い頃、「悩み事があったら一人でお墓に行って、話を聞いてもらいなさい。お墓は何も言わないけれど、話は幾らでも聞いてくれるから」と言われました。話すことは離すこと。人は心の裡《うち》を誰かに話すことによって自分の気持ちを整理するといいます。その意味においてお墓はセルフカウンセリングをする場所であるともいえるのです。

お墓へ行けばいつでも故人が話を聞いてくれるという安心感、ここに自分も入るのかと思えば死後の住処《すみか》があるという安堵感も覚えます。最終的に落ち着く場所がある。このことが気持ちのゆとりにつながるのです。また、いつかは自分も死ぬと自覚することで、覚悟が定まるということもあるでしょう。

どの道死ぬのだからと投げやりになるのではなく、失敗を恐れず何でもやってみようと、いい意味で開き直る。このことを悟りといいます。

お金や地位はあの世にはもっていくことができないという気づきも悟りです。身の丈に合った暮らしをしようと心を切り替えることで人は重荷を下ろし、自分らしく生きていくことができるのです。

一人でお墓参りにいくのもよいものです。けれど私はぜひ、ご家族のある方にはお子さんと一緒にお墓参りをしていただきたいと思います。親御さんがお墓の掃除をしたり、真摯な態度で拝んでおられる姿を見せるのが一番です。

「じいちゃんはあなたが深夜に高熱を出した時、あわてて裸足でお医者さんを呼びに行ってくれたんだよ」「ばあちゃんはあなたが生まれた時にお宮参りの衣装を揃えてくれたんだよ」というふうに、その子に関する故人とのエピソードをきかせてあげるとよいでしょう。

すると故人の顔を覚えていないという子どもでも、故人に親近感を抱きます。同時に自分が生まれてきたことを喜んでくれる人がいたと実感するのです。

人の心は寂しさによって歪みます。

寂しいから心を閉ざし、やる気を失い、自暴自棄になり、他者をいじめる。アルコール依存やギャンブル依存、恋愛依存、セックス依存に陥る人も寂しさゆえに心のバランスを失っているのです。

血のつながった親きょうだいであろうと、気の合う友達であろうと、愛し合うパートナーであろうと、それぞれの人生があり、どこまでも人は「個」です。誰もが孤独を生きています。自由に生きたいと思えば思うほど、孤独に苛まれるのが常なのです。けれど、どんなに孤独な時も自分はご先祖様に見守られていると信じることで救われます。お墓参りは、亡き人とのご縁は死を超えてつながっているという感覚を育む絶好のチャンスなのです。

子どもがお墓参りに好印象を持つよう仕向けるためには工夫が必要だと思います。私がお勧めするのは家族の楽しいイベントにすることです。

お墓参りの後に鰻を食べるのが恒例行事だったという私の知人は、今も街中で鰻の匂いを嗅ぐと家族でお墓参りをしていたことを思い出して、ほっこりとした気持ちになると言います。亡き人のことを思い出し、お墓参りへ行こうという発想につながるのだとか。楽しい家族の思い出がお墓参りとセットになっているなんて素晴らしいなと思うのです。

お墓参りはカウンセリング

墓地ではビールやお菓子がお供えしてあるのを見かけます。もちろん悪いことではないのですが、すべての煩悩を手放してあの世へ旅立つというのが仏教の捉え方。つまり亡くなった方には物欲も食欲もないということです。

一方、想念は消えません。生きている間に心に刻まれた想いを大切に、あるいは反省しながら生まれ変わる過程の中で、生きている家族の幸せを願いながら過ごしているのだと私は理解しています。

故人を喜ばせたい。そのために欠かせないのは故人が好きだったお菓子でもビールでもなく、遺族が智慧を備えて生きる姿です。お墓参りのたびに自分を

見つめ、智慧を持って生きていこうと決意を新たにすることによって、その人が進化するだけでなく、その家系が進化する。これがお墓参りの本質だと思います。

お墓参りをなさる時には「今日は自分の心を見つめ直すぞ」と決めておくとよいでしょう。人はいろいろな感情を抱き、知らず知らずのうちに間違った方向へ進んでいることがあります。仏教の思想の一つである「四無量心」は、「慈」「悲」「喜」「捨」という四つの心の働きを見つめ、バランスをとって生きていくことを諭しているのですが、最後に「捨」という文字があるという点がポイントです。

たとえば私たちは「慈悲心」を備えているがゆえに相手の成長を妨げてしまうことがあります。

子育てにたとえれば、我が子が可愛いといって転ばぬ先の杖を与え続けてしまうと、その子はいつまでも自立できません。転んで泣き叫んでいても、心を鬼にして黙って見守っていれば、子どもは必ず自力で立ち上がります。

歪んだ慈悲心は捨て去る。そして、真の慈悲心とはどういうことか。冷静に考えてみることが大切です。

慈悲心に限らず、悲しみの根底にあるのは「これから自分はどうすればいいのだろう」といった不安や、不安な状況に陥っている自分を哀れに思う自己憐憫なのではないか？　あるいは、喜びを享受するだけでなく感謝し、有頂天にならないよう戒める必要があるのではないか？　と考える。このことが心のバランスをとって生きることにつながるのです。お墓の前では是非、深く内観していただきたいと思います。

「墓守娘」の気概を見た

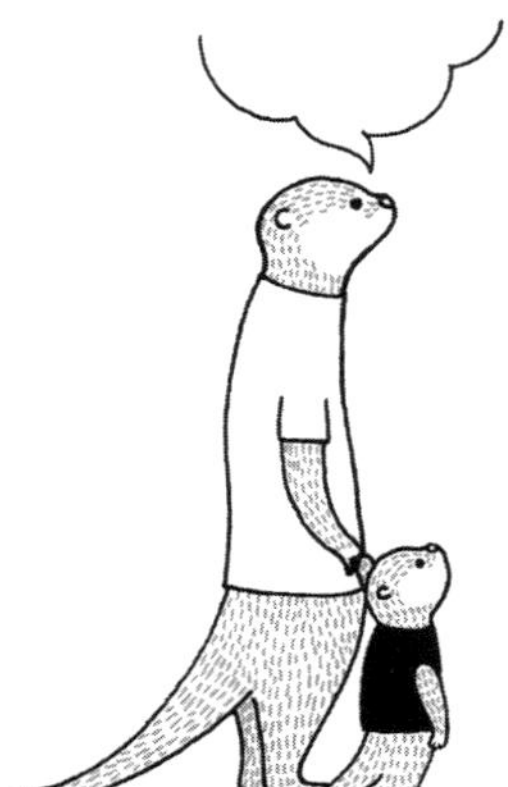

これは私のYouTubeを観て福厳寺をたずねてみえた女性の話です。

Aさんは幼い頃にお父さんが家族を捨てて蒸発してしまい、その後、お母さんも好きな人ができたとかで家を出てしまったため、親戚のあいだをたらい回しにされながら育ちました。けれど逆境に負けず、勉学に励んで高校から大学へと進学し、卒業後は企業に就職し、職場結婚をして二人の子どもに恵まれます。そんなある日、縁もゆかりもない地方の役所から連絡があり、「あなたのお父さんが亡くなりましたので御遺骨を引き取ってください」と告げられたそうです。家はなく地下道のようなところで死亡しているのを発見され、所持金は500円だったということでした。

「今さら父親といわれてもねぇ」と切り出したAさんの話は「顔も覚えていないし、恨みこそすれ感謝などしたこともないし、もちろん愛情も感じません」と続きます。そこまで聞いた私は、てっきり「つきましてはお寺で遺骨を引き取ってもらえませんか？」というご相談に来られたのだと思いました。

ところがAさんの相談は、「福厳寺で父親の葬儀をしてお墓を建て、納骨したいのですが可能でしょうか？」というものだったのです。にわかには理解できませんでしたが、Aさんの心の裡にあったのは、悪い連鎖は自分の代で断ち切りたいという想いでした。「私がここで父親を見捨ててしまえば、それを子どもたちが見ています」という言葉が忘れられません。

Aさんは自分で建てたお墓にお父さんの遺骨を納めたばかりか、毎年、まるで愛されて育ったかのように熱心に法要をなさっています。ご自宅は福厳寺から少し離れたところにありますが、折を見てはご家族でお参りに来られ、とても楽しそうなのです。「一番救われたのは自分かもしれません。自分の人生はどこか宙ぶらりんで、根無し草だということがコンプレックスでしたが、今は堂々と根を張って生きていこうと思っています」と話しておられたのが印象的です。

親から先祖供養を期待されるのが重いとおっしゃる方が少なくありません。女性の多くは「墓守娘として期待され」「墓守娘という星の下に生まれてしまい」と表現なさるのですが、今の時代、お墓を守るのに男性も女性もないだろうという気がします。「墓守娘」という言葉には母親に支配される娘の苦悩がにじみます。私のもとにも断ち切りたくても断ち切ることのできない母親との関係性に悩む方からの相談が数多く寄せられており、「墓守娘」はそうした方々の生きづらさを象徴するインパクトのある言葉だと思います。

けれど現実的には家のお墓を守っていくこと自体はそんなに大変なことではありません。手続きは簡単なものですし、墓守に任命された人は毎日お墓参りをしなければいけないというわけではないのですから。

私のお寺でも、女系家族であることから女性がお墓を守っているというケースは珍しくありません。独身の方であれば「自分もいずれ入るお墓ですので」とおっしゃいますし、ご結婚なさっておられる場合には「自分が入るお墓ではありませんが実家のご先祖様が入っているのですから」とおっしゃいます。

これは女性に限ったことではありませんが、自分がお墓を守る流れならば喜んで引き受ける。そうした気概のある方の共通点は、つつがなく暮らしていることです。**目には見えない力が働いているという想像力が、正しく生きることにつながっているから**でしょう。たとえば人を騙してお金儲けをしたところで善き事につながるわけがないと思う人は、目には見えない力の存在を信じているのです。その想像力をもって、お墓を守る人として選ばれた自分はつつがなく生きることが約束されているのだと捉えるくらいの大らかな気持ちや心のゆとりが、家族関係を整え、仕事環境を整え、人生を整えることに通じているのだと私は思います。

遺骨がなくても供養はできる

お墓に関してもう一つ、真の供養を実現なさったB子さんの話をします。

B子さんは不慮の事故で配偶者を亡くされました。配偶者の実家は遠方にあり、お参りしたくても簡単には行けないため、住まいの近くにある福厳寺にお墓を建てて納骨したいと考えていたそうです。ところが御存命である配偶者のご両親から頑なに拒まれ、分骨してもらえないかと交渉したものの断られてしまったということでした。

故人が生前に自分の希望を記しておくのが理想的だといえますが、若くして

急逝されたため、備えていませんでした。

こうした場合、遺族間でトラブルになってしまいがちです。もしかしたらあなたは配偶者のご両親が分骨してあげればいいのにと思うかもしれません。けれど分骨はしたくないと思う人もいるのです。これは価値観の問題。自分の価値観が正しいとは言えないし、自分の価値観と違うからといって誰かの価値観が間違っているとも言えないと私は思います。

問題は自分の心にどう折り合いをつけるのかです。B子さんはそのための智慧を備えていました。その日、私はB子さんから「野球が好きで、地域の野球チームのキャプテンをしていた彼が愛用していたユニフォームで供養していただけないでしょうか?」と打診を受けたのです。

もちろん快諾しました。お墓は骨の倉庫ではありません。これまでにも述べてきたようにお墓参りは遺族の心を癒やす役割が大きいのです。花を手向け、お線香を焚く中で故人との関係性を思いおこし、心の対話に集中することが目的であって、納めるものが骨である必要はないというのが持論です。

分骨をしたいという相談も数多く寄せられますが、あまりお勧めしません。故人に対する想いは理解できるのですが、バラバラにしてまで骨に固執するのは遺族の自分本位な行為だといえるでしょう。いずれにしても**大切なのは骨ではなく、故人に対する想い**。この本質的なことが欠けたままする供養は、真の供養ではないと私は思います。

YouTube でB子さんの話をしたところ、大きな反響がありました。遺骨はないけれど故人の供養をしたいと考えておられる方がこんなにもいるのかと驚いたほどです。ご家族が戦死したという方、爆発事故により命を奪われたという方、津波に飲まれて帰らぬ人になったという方。可愛がってくれた父には他に法的に認められた家族があり自分は葬儀にも行けなかったという方や、幼い頃に生き別れた実の母の訃報を受けて供養したいと切願なさる方……。

遺骨に魂が宿っているわけではない、大切なのは想いであり、その想いは形や距離を超えて通じる。通じると信じることで報われるという考え方に救われたという声が世界中から寄せられました。

お墓が一般の人たちに広がったのは明治時代だといわれています。したがってお釈迦様はお墓には関与しておられませんが、お墓の存在が生きている人の心を癒やす役割を果たすのなら良しとしてくださることでしょう。けれど、いつのまにかガチガチに固定されてしまった概念によって生きている人の心を曇らせているとしたら、本末転倒も甚だしいといえるのです。

改めてお伝えします。遺骨がなくても供養はできます。故人の供養をしたいと思う気持ちが尊いのです。その気持ちこそが供養なのです。

手を合わせる場があるということ

お墓があるのは実は贅沢なことです。

江戸時代、今の東京である江戸は約70パーセントが武家地であり、約16パーセントが寺社地、残りの土地に60万人の一般庶民が暮らしていました。多くの人が自分の土地を持たず長屋を間借りして住んでいる中、お墓を持つことができるのはほんの一握りの人だけ。たとえば成功を収めた商人が成功の証しとしてお墓を持つといった感覚だったのです。明治時代に入ると全国的に人々の暮らし向きは向上し、お墓を持つ人が少しずつ増えていきました。

けれど世界を見渡してみますと、インドでは火葬したあと、灰になった遺骨をガンジス川に流します。チベットでは人が亡くなると僧侶が読経をして魂を抜き、町はずれの特定の場所に運ばれて「鳥葬」するというのが一般的です。骨を保管するという発想そのものが存在しません。これは文化の違いによるものですが、故人の死を悼み、亡き人と心を通わせたいという想いは同じはず。お墓はなくても、どこでも亡き人と向き合い、自分の心を見つめることはできるのです。

東日本大震災の時、被災地で読経しました。行く先々で主にご高齢の方々から「墓がないとどうなるのか?」という質問を受けましたが、お墓を守ってこられた皆さんはご先祖様と共に暮らしていたのだという思いを強くしました。

津波が来て坂道を上へ上へと上る中、先祖のお位牌を取りに行くと引き返したきり帰らぬ人となったおばあさんがおられたそうです。若い世代の人たちは「なぜ……」と悲しみに暮れていましたが、おそらくおばあさんは、ご先祖様に護《まも》られて生きてきたのだから、ご先祖様を置き去りにして自分だけが助かるというわけにはいかないと思われたのでしょう。

こういうお考えをお持ちの皆さんに「お墓はなくても供養はできます」とお伝えしても、とても受け入れてもらうのは難しいでしょう。であれば、今の自分にできる読経によって少しでも心を癒やして差し上げたいと思いました。ところが読経を終えた私は小さな奇跡を感じたのです。会場におられた方々が代わる代わる「祈るだけで気持ちが楽になることがわかりました」と告げに来てくださったのです。

その一方で、毎年被災地へ向かう中で慰霊碑がどれほど大きな役割を果たすのかを目の当たりにしました。

花を手向ける場所があること、お線香を焚く場所があること、何より手を合わせる場所があることによって被災地の方々は、亡くなられた方の霊を慰め、二度と同じことが起こりませんようにと願いながら、自分の心を救う術を得たのです。慰霊碑は大きなお墓なのです。向き合う対象物があれば集中することができるという意味で、お墓はなくてもいいけれど、あったほうが故人と向き合いやすいだろうと私は考えています。

自分のお墓をどうするか

長いあいだ日本でお墓というのは、墓地の区画に墓石を建てて「先祖代々の墓」として引き継いでいく「一般墓」と呼ばれるものでした。けれど少子化の影響で、晩婚化の影響で、独身者が増えている影響で、あるいは核家族化で実家から離れて暮らす人が増えている影響で、「一般墓」は継承できない時代を迎えています。このままでは一般墓の多くは管理する人のない「無縁墓」になってしまうでしょう。

熟年世代の方が「これからの時代をどう生きていくのか？」と考える時に、真っ先に考えておかなくてはいけないのはお墓問題なのではないでしょうか？

前述したように「一般墓」を継承していくのが難しい時代を迎えつつあるのは事実ですが、今は過渡期。自分には子どももいるし孫もいるという方もまだまだたくさんおられます。そうした方に先祖代々のお墓があるのなら大切に守っていくのが一番です。

人間関係における作法を伝える「六法礼経《ろっぽうらいきょう》」というお経の中に、お釈迦様が親を亡くした大富豪の息子に向けて「ご先祖様を供養するということは親を安心させるための奉仕である」と説かれた言葉が綴られています。

親の供養をしようという人の人生と、しようとしない人の人生は見事なほど明暗が分かれます。檀家さんを先代から知っているからわかることもあります。ですからお墓があるのなら、自分が守っていこう、そして子どもたちに継いでいこうと、しっかりとした覚悟を備えていただきたいと思うのです。

公営・寺院・民営、墓地は管理を見て選ぶ

ここから先は、現状はお墓がなく、自分で建てたいという方に向けてのお話をします。

周知のように日本では遺骨は墓地以外の場所に埋葬してはならないという「墓地埋葬法」が定められています。遺骨を庭に埋めるのは違法行為です。そうである以上、墓地に埋葬するほかないのですが、墓地には自治体が管理運営を行う「公営墓地」、お寺が管理運営を行う「寺院墓地」、石材店などが主体で管理運営を行う「民営墓地」があり、どれにするかを選ぶ必要があります。

公営墓地であれば管理費が安いというメリットがあるでしょう。

寺院墓地のメリットはなんといっても供養をしっかりとしてもらえるという点です。民営墓地は好みの土地にお墓を建てるといった自由度が高いのです。けれど、たとえば公営墓地で供養をする時には、派遣業者からの依頼で来る初めて会うお坊さんに読経してもらうケースが多いようです。寺院墓地は公営墓地に比べて経費がかかります。民営墓地の場合には運営する企業が倒産することもあり得るでしょう。つまりそれぞれにメリットもデメリットもあるということです。

災害への対策も考えておく必要があると思います。大きな地震が起きたらどこにお墓を持っても同じじゃないかと言われてしまえばその通りですが、神社仏閣は未来永劫続いていくことを予《あらかじ》め想定して土地を選んでいます。たとえば福厳寺は５４０年以上前から今の場所にあるのですが、地震など自然災害による大きなダメージを受けたことはありません。

不思議に思って調べたところ、小牧山城に次いで地盤の固いところに建っていることがわかりました。だから菩提寺を持つべきということではありません。さまざまな角度から検証し、長い目で見て、ご検討なさることをお勧めします。

「永代」とはいつまでか

そもそもお墓は必要なのか？　と考える方もおられることでしょう。実際、お墓を持たずに遺骨供養をする方法に注目が集まっています。

「永代供養」や「散骨葬」などが挙げられますが、一口に「永代供養」といっても寺院や霊園に個別に管理を委ねるものもあれば、遺骨を合同墓に埋葬する「合祀墓」や「樹木葬」、「納骨堂供養」「ロッカー式納骨供養」などがあります。

さらに運営するのが自治体なのか寺院なのか企業なのかによって、企業なら企業によっても形態はさまざまです。選択肢が多いといえるのですが、その分迷いも多くなり、選びきれないということも起こってしまいがちです。

お墓に対する価値観は、その方の生活環境によっても異なります。たとえばロッカー式納骨堂は、都会のオフィスで仕事をしている方には抵抗感が少ないと思います。忙しいけれどお参りはしたいという人にとっても、季節や天候に関係なくお参りできるのは、ありがたいシステムだということもあるでしょう。けれど私の暮らす田舎町では、「お日様の光も差さない、風も通らないロッカーの中にご先祖様を押し込めるのは気の毒だ」と考える方が多いようです。

私なりの結論を申し上げれば、どんな形を選んでもよいと思います。形がどうであるかは本質的なことではないからです。大切なのはどんな想いで供養をするのかということ。そしてその想いに沿う納骨法を選ぶことです。そのためには、たとえば寺院に委ねる「永代供養」の場合で言えば、まずはお寺へ足を運び、住職に会って話をしてみることをお勧めします。

昨今では菩提寺を求める人とお寺をつなぐポータルサイトなどもありますが、

紹介されているお寺が推奨されているのは、サイトにお金をたくさん払っているからです。もちろんサイトは信頼のあるお寺との契約を厳守していると思いますが、住職がどういう考えを持っているのかまではサイトを見ただけではわからないのではないでしょうか？　住職に「お墓って何のために必要なのでしょうか？」「葬儀はなんのためにするのでしょうか？」といった本質的なことを質問してみるとよいでしょう。納得のいく答えが返ってくるかどうか、あるいは住職の考えに賛同できるかどうかが要です。

そのうえでもう一つ、確認しておくべきことがあります。「永代供養」とはいいますが、実のところ「永代」である保証はどこにもありません。ロッカー墓を運営する企業が事業を永続するか、お寺にしても廃寺になってしまう可能性は否めません。そうなった時に住職はどういう考えに基づいて、どう対処するのか。それだけはたずねておく必要があります。利便性や環境、どんな形を選ぶのかといったことはその後に検討すればよいことだと私は思うのです。

墓じまいを決意するとき

先祖代々のお墓があるという方の中にも、お墓が遠方にある、継承する子どもはいるけれど負担をかけるのは可哀想だといったことから墓じまいを検討なさる方が増えています。自分が生きているうちに「永代供養」に切り替えようとお考えになるということです。

墓地の管理をしていると無縁墓の存在に気づきます。何年もお参りの方が見えていないお墓にはうっそうと雑草が生え、花立てやお線香立てがひび割れ、墓石は汚れ、ひび割れていたり、傾いていることもあります。私のお寺ではできる限りのことはしているため、少なくとも雑草が生え放題ということはないのですが、それでもお参りする人のないひっそりとしたお墓は物悲しさをたたえているものです。

無縁墓。この言葉自体が切ないわけですが、そのままにしておくと撤去され、多くの人が眠る合祀墓へ移されます。合祀墓へ入るのが切ないのではありません。身寄りのない寂しい人のいくところだとネガティブなイメージを抱く方もおられますが、現在では合祀墓を積極的に選択する人が増えました。私も「家」や「自分」というものにこだわらず合祀墓に入ることが、もっとも誰にも迷惑をかけず、毎日供養してもらえる点からも推奨しています。けれど合祀墓に入るつもりのなかったご先祖様が、無縁墓として長いあいだ放っておかれた挙げ句に居場所を無くすという流れは、やはり切ないものです。

「合祀」は親不孝？

公営墓地にあるお墓の場合には、管理費が納められなくなると無縁墓と認識され、自治体に納められる人々の税金でお墓の撤去作業が行われます。自治体によっていろいろですが、お墓を建てた時の契約書に「管理費が支払われなくなってから○年を過ぎたら撤去します」といった猶予期間が設けられているケースが多いようです。

一方、檀家との関係性を培ってきたお寺では、無縁墓になっていると察しても杓子定規に撤去するという発想はありません。そのまま長いあいだお寺で管理をすることも珍しくないと思います。とはいえ、維持費用がかかるという現実的な問題もあり、やがてお寺も限界を迎えます。

その結果、何十年かに一度、整備をするということになるのですが、その場合にもお寺が勝手にお墓の処分をすることは法律で禁じられています。お寺は檀家さんの家系をひもとき、何度も告知を行ったうえで、一定期間を経てもご連絡がないということが国に容認されるという段階を経て、お墓の撤去、同時に遺骨を合祀墓に移すのです。

このことをどう受け止めるのかは人それぞれだと思います。放っておいても合祀されるならいいやと思う方がいるかもしれません。けれど合祀墓に入るつもりのなかったご先祖様の気持ちを思えば、親族の確固たる意志のもと合祀墓に入る運びになったと納得していただけるよう努めたいところです。

自分の代で墓じまいをすることにとまどいを抱く方もおられますが、それがご先祖様にとってよいことであるという確信をお持ちになって進めていくしかないと考えます。むしろ、**いつかは誰かがしなければいけないことを自分の代でするというのは優れた判断だ**といえるでしょう。責任を果たし、自分が死んだ後に納まる場所も決めておくことは、不安を手放して生きることに通じます。

トラブルなき墓じまいの作法

本書を読んでくださっている方々は、お弔いに対して前向きかつ真摯に捉えておられることと思いますが、ここではこんな事例もあるということをご紹介しつつ、墓じまいについて詳しくお伝えします。

残念ながら墓じまいをめぐるトラブルは絶えません。私の寺でも「墓じまいをしたいのですが、幾らくらいの価値になりますか?」というご遺族からのお問い合わせを受けることがあります。ご遺族は自分の親が購入したお墓の土地を売却できるものと勘違いなさっているわけです。

墓地は家などとは違い、購入しても土地の所有権は管理している霊園やお寺にあります。墓地を持つときに発生するお金は「永代使用料」。永代使用権を得た人は、霊園やお寺からお墓を建てるための土地を借りることができるというしくみです。

墓地は売却できないとご存じの方であっても、お寺に何も伝えずに、遺骨だけ持ち帰ってしまうことがあります。毎朝の墓地の見回りの際、前日まであったはずのお墓がないという事件もありました。

「墓じまい」は現在のお墓の管理者に埋葬証明書を発行してもらい、次の埋葬先の管理者に受入証明書を発行してもらうことから始めます。

その後、現在のお墓のある自治体で改葬許可証を発行してもらうという手順を踏み、僧侶による閉眼供養を行ったうえで墓石を撤去します。

手元供養や散骨をする場合には受入証明証がいらないこともあって、煩雑な手続きを端折る方もおられるのではないでしょうか。

お金を惜しむ人もいます。お寺であればお布施、それから墓石を撤去するためには石材店に支払う撤去代がかかるため、「墓の夜逃げ」のようなことが起こるのでしょう。法律では「遺骨の所有権は祭祀を主宰すべき者に帰属する」となっており、お寺であれば住職の同意を得ずに遺骨をお墓から持ち帰ってしまった場合、窃盗罪などの罪に問われることもあります。

法律はともかく、立つ鳥跡を濁さずの心がけを持って取り組んでいただきたいと思うのです。墓じまいをきちんとした手順に従って正しく終えることは家系の幸せにつながります。

仏教では「三時業《さんじごう》」といって、自分の行いの結果を受け取るタイミングには、現世で報いを受ける「順現報受」、来世で報いを受ける「順次生受」、次の次の世で報いを受ける「順後次受」の三つがあると捉えています。つまり自分の行った行為は現世を生きる自分に返るだけでなく、来世以降の家系に返るということです。つまり善き行いがめぐりめぐって子孫に返ることもあるのです。いずれも人生はままならないものですが、困った時に誰かが手を差し伸べてくれる奇蹟は、ご先祖様の善き行いに救われた結果かもしれません。

いずれにしても墓じまいは永代供養と深いかかわりがあります。どうぞ亡き人とのご縁や絆に思いをめぐらせ、これからも続く家系の幸せを願いながら、ご自分なりの結論を出してください。

やがて土に還る樹木葬

一般墓の時代から自由に供養する時代を迎えるにあたり、私はこれからの日本というものを見据える必要があると考えています。

たとえば今、墓じまいでお役御免となった墓石をどうするのかは、社会問題になっています。テレビの報道番組でも、心あるお寺の住職が墓じまいをされた檀家さんの墓石を引き受けたことから、近年になって次から次へと縁もゆかりもない家の墓石が運び込まれるようになり、今や「お墓の墓場」と化しているといったことが報じられていました。山林に何千トンもの墓石を不法投棄した業者が逮捕されるといった事件も起きています。

廃棄された墓石は、細かく砕いて道路工事の時に使う砂利として再利用されているものの数が膨大であるうえに、一度加工された石を砕くのには労力もお金もかかるため、自治体も頭を悩ませているというのが現状です。

魂を抜いているとはいえ、もともとは敬うべき存在だったものを砕いて砂利にするというのは心が痛みます。廃棄処分せざるを得ない苦い現状を教訓とし、これから先はできるだけ墓石を増やさない形の供養に力を注いでいく。これが寺を持つ僧侶としての使命と捉えています。

福厳寺では、さまざまな永代供養のご提案をしていますが、なかでも私が推すのは、木の根元に遺骨を埋める樹木葬です。

樹木を墓標とするので墓石を使わず、お参りもしやすい。樹木の存在が墓地を明るくしてくれる効果もあります。樹木墓地として、お参りに来られた方々の心を和ませるような公園にしていく計画も立てています。

石のお墓から永代供養に改葬なさる場合には、お墓の下のカロートと呼ばれる空間に骨壺ごと埋葬することが多いでしょうが、骨壺の中の遺骨だけを樹木の下に埋めていただくように提案しています。埋葬の際は、ご遺族の方に手で一般墓の下にある土を摑んで樹木の下に移してもらうようにしています。

これは遺骨を自然に戻すことが本来であり、骨壺に入れたままでは家に骨を置いているのと同じことだという私の考えに基づいています。

とはいえ、樹木葬にもいろいろありますので、押しつける気持ちはありません。樹木を植え、故人の名前を刻んだプレートを置き、遺骨は多くの方と一緒に合祀墓に入るという方法。お寺の真ん中の象徴的な樹木の周囲に散骨する方法。それから最初の何年間かは個別に骨壺ごと樹木の下に骨を埋葬し、その後は合祀墓に入るという方法もあります。

納骨堂供養においてもさまざまな提案がされています。

先祖代々のお墓も、自分が建てた生前墓も、元気なあいだは自分が守り、自分の死後には自動的に永代供養に改葬するという契約もできる時代になりました。どうすることが故人の、ご自身の気持ちを落ち着かせてくれるのかよくよくお考えになり、悔いのない選択をしていただきたいと思います。

教えて、大愚和尚①

「海に散骨して欲しい」。父の遺志を叶えたけれど

法要の席で故人の息子さんから「母は自分が死んだら故郷の山に散骨して欲しいと言っていたのですけれど、私にはできませんでした」というご報告を受けたことがあります。

「あなたたちに迷惑をかけたくないから」と言われて、生きているあいだは「うんうん」と言って聞いていたけれど、いざ亡くなってみたら、いつでもお参りできるところへ骨を納めて故人を偲びたいという気持ちになったというこ

とでした。

「お墓参りを通して故人と向き合いたい、そういう時間が必要だと子どもたちが思うのなら、故人も喜ぶのではないでしょうか」とお伝えしました。

釣りが好きだったお父さんの遺言どおりに海洋散骨をした女性の話です。

一周忌法要に際して散骨業者の船に乗って散骨した辺りで停泊し、同乗していた僧侶による読経が始まったというのですが、花を手向けるにしても、手を合わせるにしても、どこに向かって行えばいいのかわからず、結果として心を癒やすことにつながらなかったと話しておられました。そればかりか連想するのは、暗い海の中で寂しげにしているお父さんの姿だといいます。女性の後悔が映し出されているのでしょう。

生前に自分が好きだった海に散骨して欲しいと考えるのは自由なのですが、お父さんは遺された娘さんの気持ちを考えていませんでした。遺された人の気持ちを想像し、遺された人がどうすれば死別の喪失感を少しでも和らげることができるだろうと考えるのは、先に死ぬ人の務めではないか、と私は思います。

また、遺された家族が別の決断をしても、何も悔やむことはないと思うのです。

散骨について、私は基本的には賛成しません。地球環境に多少なりとも悪影響を及ぼす供養だと思うからです。

法律ではお墓以外に遺骨を埋葬してはいけないと定められているのですが、散骨は〝想定外〟であることから違反にはあたりません。現状では骨を粉砕してパウダー状にすること、散骨が許可されている場所に撒くことなどを条件に容認されています。とはいえ、合法なのかといえば微妙なところだといえるでしょう。ここは節度の問われるところだと思います。

散骨は「自然葬」という括りです。散骨することで自分は自然に戻れた気持ちになるかもしれませんが、自然を破壊してまで散骨にこだわるというのはどこか矛盾しているように思えてなりません。

散骨については賛否両論あります。故人の遺志を叶えて良かったと思っておられる方もいるでしょう。どう受け止めるかはその人次第だと思います。

遺志に背いても、供養する人の決定を大切に

教えて、大愚和尚②

亡き夫とは同じ墓に入りたくありません

死んだあとにはすべての煩悩を手放すという仏教の捉え方からすれば、同じお墓は嫌だと別のお墓に入ったところで、大きな意味はないのです。

どんな事情から夫と同じお墓に入りたくないという気持ちをお持ちであるのかわかりませんが、いずれにしても夫の生前に離婚するという結論には至らなかった。

子どものためにと考えておられたのかもしれませんし、経済的理由によるものかもしれません。けれど離婚しないと決めたのはご自分であるはずです。ならば、そのことによって派生するさまざまなことを受け止めなくてはいけないと私は思います。

質問者の心を占領しているのは意地でしょうか。でもその意地に翻弄されるのは故人ではなく遺族です。たとえばお子さんがいるなら、お子さんはお父さんの眠る場所とお母さんの眠る場所を別々にお参りすることになります。子孫に迷惑をかけることになりかねないということなのですが、それでも意志を貫きますか？

どうしてもというのであれば、「個」として生き「個」として死ぬ覚悟が必要かもしれません。従来のしきたりや家族関係をリセットし、自分は合祀墓に入ると決め、着々とその算段をつける。そしてお母さんのことはもう忘れていいからねと言えるくらいの覚悟を持って意志を貫かれると良いと思います。

でもその前に考えていただきたいことがあるのです。

お釈迦様の言葉に「過去は過ぎた、未来はまだ来ない」というものがあります。

過ぎてしまった過去に固執してもしょうがない、未来を思い煩っても意味がない。それより今を楽しく生きることに専念するのです。

夫がいない自由を満喫なさることをお勧めします。そうして自分の心をポジティブにしていけば、今が幸せなのだから過去のことは水に流そうという気持ちになるものです。騙されたと思って一度やってみてください。

夫と同じお墓に入るか否か。結論を出すのはそれからでも遅くはありません。

過ぎた過去には
固執しない。
今の自由を謳歌しよう

教えて、大愚和尚③

お墓の前で「願い事」をしてもいいですか

故人と向き合う時には清らかな心でというのが礼儀です。
まずはお線香を焚いて煙にネガティブな気持ちを吸ってもらい、私欲を断ち切りましょう。そのうえで、いつも見守っていただいていることに対する感謝を伝えます。

感謝を伝えることもせず、「仕事が上手くいくようお願いします」などと切り出すのは、ご先祖様に「仕事が上手くいってないんですけど」と文句や愚痴を言っているようなものだと心得てください。

お墓の前ではご先祖様が喜ぶような報告をすることが望ましいでしょう。「仕事が上手くいきますように」よりも「仕事が上手くいくよう頑張ります！」と伝え方を変えるだけで、他力本願の願いは、たのもしい誓いに見えてくるでしょう。

そもそもご先祖様は神様ではありません。生きている人の願いを叶える術は持っていないのです。

そして、お墓で向き合うのは故人ではなく自分の心。

なぜ仕事のことが気がかりなのか？　自分はどんな人間になりたいのか。そのためには何が必要なのか――。自分の心を掘り下げていくことで願いを叶えるための具体的な方法がみつかるでしょう。それを実践することで願望成就に続く流れをグッと引き寄せることができるのです。

仏教は自律して生きることを大前提としており、自律の妨げとなる依存心は心の毒と捉えています。どうぞこのことを忘れないでください。

お墓参りでは、自分の心とも向き合う

教えて、大愚和尚④

うちのお墓、傾いています。先祖の祟りかと心配

まず、故人の霊に祟られるという発想は仏教には存在しません。お墓が傾いたら家も傾くとか、墓石が欠けると病人が出るとか、いろいろなことをおっしゃる方がいるようですが考え過ぎです。老朽化したら墓石が欠けたり、傾いたりすることはあります。それは自然現象であり、大きな意味などないのです。

とはいえ、お墓が傾いていたら気になるというのが人情でしょう。問題はお墓が傾いていることに気づいているのに「まぁいいか」と受け流してしまう心

にあるといえそうです。質問者にしても「祟られるなら直すけど、祟られないならそのままでいいか」と考えておられるように感じるのですが……。祟られようと祟られまいと気づいたら直したほうが自分の気持ちが整うのではないかなと私は思います。

経済的な事情から今は直せないということもあるでしょう。その場合には無理をすることはないのです。お墓の前で「頑張って働いていつか直します」と伝えれば心が楽になるかもしれません。

教えて、大愚和尚⑤

代々の墓に入れるのは、長男だけ？

法律で定められているということはありません。おそらく長男が家を継ぐというお家制度の名残だと思われます。昔は先祖の墓に入るのは長男だけだと考えていた家があったようです。それが親から子へと伝承されていくうちに「そういうものだ」と思う人が増えたのでしょう。けれど今の時代は長男が家を継ぐとは限りませんし、仏教的にも先祖の墓に親族の誰が入ろうと問題はないのです。

時折、次男の嫁はいいけど、長男の嫁はうちのお墓に入ってほしくないなどと言っておられるお姑《しゅうとめ》さんもいますが、それはお嫁さんとの関係性がしっくりいっていない証し。生きているあいだに人間関係を修復しておくというのは大切なことです。もしも一族間で感情的な摩擦があるようなら、お墓について考えることが関係性を修復する良い機会になるかもしれません。

我を張らず、相手を尊重して折れるところは折れ、譲るところは譲る。

仏教では我慢は美徳ではありません。自分さえ我慢すれば丸く収まるという考えは驕《おご》りであると説いています。つまり人間関係はお互い様だということです。

一族間で感情的なもつれがないとしても、お墓問題に関してしっかりと話し合っておくことが大切だと思います。思い煩っていることには意味がありません。

気がかりなことがあれば、まずは「モヤモヤしているのですけれど」と切り出してみる。そして正直に伝えます。ボタンの掛け違えのないように整えることは、心穏やかな暮らしに直結するのです。

自分が我慢すれば丸く収まる。その考えは驕り

教えて、大愚和尚⑥

お墓の掃除、業者に頼むと顰蹙を買いますよね？

ある時、タレントの堺正章さんがテレビ番組でこんな話をしていました。お墓参りに行ったところ、近くのお墓で黒い野球帽を被《かぶ》り、軽装で手際よくお墓の掃除をしている人を見かけ、お掃除業者の人に違いない、それにしてもすごい職人技だと感嘆したと。どんな人が掃除をしているのかと思って見ていたところ、歌手の郷ひろみさんだったので驚いたということでした。私は郷ひろみさんが長きにわたりご活躍の理由がわかったような気がしました。

さて、お墓の掃除を業者に委託してもいいのかどうかについてのご質問ですが、よろしいのではないでしょうか。ただし忙しいと言いながらレジャーランドへ行ったり、温泉旅行を楽しんでいるのだとしたら考え物だなというふうに思います。

そもそも時間は作るものです。この方はお墓が遠方にあるからお掃除会社に委託したいのかもしれませんが、結局のところ、行く気があるかないかの問題だという気がします。たとえば「そうだ京都、行こう」ならぬ「そうだお墓参り、行こう」という感覚で旅を企画するということだってできるわけです。自分でお墓の掃除をして、清々しさの中で手を合わせればリフレッシュすることができます。そのあとに温泉に浸かれば心も体も洗う旅となることでしょう。

そうは思わないという人がいてもよいのですが、「お掃除業者に委託してもいいのでしょうか?」と質問なさるのは、後ろめたさがあるからでしょう。後ろめたさのあることはなさらないほうがいいというのが私の意見です。

私は弟子たちに、親の背中を洗うように墓石を磨きなさいと教えています。供養は親孝行に通じているからです。それでいえば質問者がお墓のことを気にかけておられるのは尊いことだと思います。「お墓参りに行かなくては」「お墓の掃除をしなくては」とあまり自分を追い詰めず、毎日心の中で「いつもありがとうございます！」と伝えるほうが供養になるといえそうですが、いかがでしょうか？

教えて、大愚和尚⑦

遺骨とずっと一緒にいたい

愛する人を思う気持ちはわかるのですが、想いが深い人なだけに危ない発想だと思います。ペンダントに遺骨の一部を入れて持ち歩いていて、どこかで失ったらどうするのですか？　もしかしたら一生悔やみ続けることになるかもしれません。そんなリスクを背負いながら生きるのは得策ではないというのが私の意見です。

愛する人といつまでも一緒にいたい。誰だってそう思います。でもどんな人とも別れの時を迎えます。死別の苦しみをどう乗り越えるかは万人に与えられたテーマだといえるのです。そんな中、苦しみを抱えきれないという人々のニーズに応えて、さまざまな提案がされます。遺骨を入れたロケット状のペンダントを作りませんか？　パウダー状にした遺骨を練り込んだプレートを作りませんか？　と。手元供養と呼ばれているようですが、本来、供養は執着を手放していくための行為です。手元に遺骨を置いていたらかえって執着を募らせてしまうのではないでしょうか？

骨の一部だとはいえ、故人が土に戻れないということもあります。本当に愛しているのならどうすることがよいのだろうか？　と考えるのが慈悲心というものです。

愛する人は心の中にいます。それにお墓へ行けばいつでも会えるのです。そんなふうに心に折り合いをつけて軽やかに生きていただきたいと思います。

亡き愛する人は、心の中にいる

教えて、大愚和尚⑧

元気なうちに墓を建てるべきでしょうか

生前墓を建てるのはいいことだと思います。

仏教では生きているうちに自分で自分のお墓を建てることを「寿陵」と言い、徳の高いことだと捉えているのです。自分が亡くなった時に入るお墓が用意されていれば、遺族は精神的にも経済的にも安心だといえるでしょう。

さらに自分の「死」というものを覚悟することが生きる覚悟につながります。

いつか死ぬ時が来るのだからと考えて生きるということは、今という時を大切にしようという発想につながり、悩んでいる時間はもったいない、人と喧嘩している場合ではないといった智慧を備えることなのです。

老婆心ながら少々気になるのが生前墓には奇抜なものが多いということです。真っ赤な墓石で作られたお墓や斬新なデザインのお墓などが目立ちます。せっかく自分で建てるのだから個性的にしたいと考えるのかもしれませんが、お墓の形には意味があります。

もともとお墓は五輪塔でした。五輪塔は四角形、円形、三角形、半円形、宝珠形という5つの形で作られ、「空」「風」「火」「水」「地」というインドで宇宙を構成すると考えられている五大元素を表しているのです。五輪で供養することにより生命は五大元素に還元されるとされています。この五輪塔を簡略化したものが一般的によく見られるお墓なのです。

生前墓に「酒」「夢」といった文字を刻む方もおられますが、いくらお酒が好きだからといっても墓石に刻む文字としては相応《ふさわ》しくないという気がします。

「夢」は素敵な言葉ですが、文字には流行がありますので、今は素敵な文字であっても何十年後かに子孫から「なんでこんな文字を彫ったんだろう?」と言われてしまうかもしれません。時代を超えて代々引き継がれていくことを思えば、普遍的であるということを意識なさるのがいいのではないかなと思います。私の見解を述べましたが、ご検討なさっておられるのなら参考にしていただければ幸いです。

逝き先を決めると、生き方がすわる

教えて、大愚和尚⑨

ペットと同じお墓に入りたい

飼い主さんと同じお墓にペットの遺骨を納骨することは法律では禁じられていません。ただ先祖代々のお墓など他の親族の遺骨が納められている場合には、遺族から理解を得られないというケースが多いようです。「うちの親は動物が嫌いだったから」ということもあるかもしれませんが、仏教の考える死後の世界「六道」の中に「畜生道」というものがあり、「行いが悪いと死後に畜生道へ行くことになるぞ」といった使われ方をするので、人間と同じお墓にペットを入れることを良しとしない人がいるのではないかと思います。

けれどペットを愛する人にとってペットは家族。場合によっては肉親を超えるという方も少なくありません。昔から犬や猫を可愛がっていた人はたくさんいたわけですが、昨今ではペット命という方が増えました。核家族化と無関係ではないように思います。多くの方が寂しさを癒やしてくれるペットの存在にどれほど救われたかしれないとおっしゃいます。そうした方が大切な家族と同じお墓に入りたいと望まれても不思議ではないと私は思うのです。

あるご夫婦には子どもがなく、犬を我が子のように可愛がっていたということですが、その犬が死に、その後、奥さんががんで余命を宣告されました。

その折にご主人が私のところへみえ、「妻と犬を同じお墓で眠らせてあげたい、そのことを妻に伝えることができたら安心して旅立つことができるだろうと思うのです」とおっしゃいました。

「妻は安心して旅立った」と思うことが遺されたご主人の心を癒やすことにつ

ながるのなら、お断りする理由はありません。そこで納骨堂や樹木葬を通じて永代供養をなさることをお勧めしました。

合祀ではない個別のお墓であれば問題はないと私は考えています。まだまだ少ないとはいえ個別のお墓は増えています。ペットについての考え方は宗派ではなく住職によって異なるので、一度、お寺を訪ねて住職に相談してみてはいかがでしょうか。

執着を手放していく
ことが供養。
されど方法はあります

第3章

新たに始まる亡き人との絆

「悲しむ時間」は「ありがたい時間」

お釈迦様は死別の苦しみを人が決して避けることのできない「四苦八苦」のひとつ「愛別離苦」であると説いておられます。けれど逆説的に考えれば、別れるのが辛いほどの人と出会えたことは素晴らしいといえるのです。素晴らしい出会いと辛い別れはセットになっています。受け入れて、悲しみを感謝へと切り替えることで気持ちを昇華させる。これが死別の苦しみから自らを救うために役立つ仏教の教えです。

親しい人が亡くなれば悲しい。ならば泣きたいだけ泣いていいと思います。

「あなたがいなくなって悲しい」と伝えることは供養の一環といえるでしょう。けれど「あなたがいないと生きていけない」と縋《すが》ってしまったら、故人は心配で成仏することができません。

悲しみの淵から心を立て直すのは難しく、「もっとできることがあったのではないか」「きちんと感謝の言葉を伝えるべきだった」と自分を責めてしまいがちです。喧嘩別れしたきりであれば「謝罪するべきだったのに」と引きずる。そうした**後悔こそが苦しみの正体だと言える**かもしれません。

けれど供養を通じて亡き人に想いを伝えることができます。そうした気持ちで仏様に向き合えば、「死別を悲しむ時間」は、故人との対話を通して自分の心を癒やすための「ありがたい時間」になるのです。

死別を受け入れるプロセス

私が宗教学を学んだ愛知学院大学大学院には、かつてイギリス人のティム・フィッツジェラルドという先生がいました。先生は「日本の葬送儀礼は少しずつ死別を受け入れていくための素晴らしいシステムですね」と言っていました。だから欧米に比べて見送る人がうつ状態になる率が低いのではないかと。

近年になって読んだエリザベス・キューブラー＝ロスという精神科医の『死ぬ瞬間』（中公文庫）という本には、臨床実験の結果、愛する人を亡くした人は5つのプロセスを経て現実を受け入れることが報告されています。

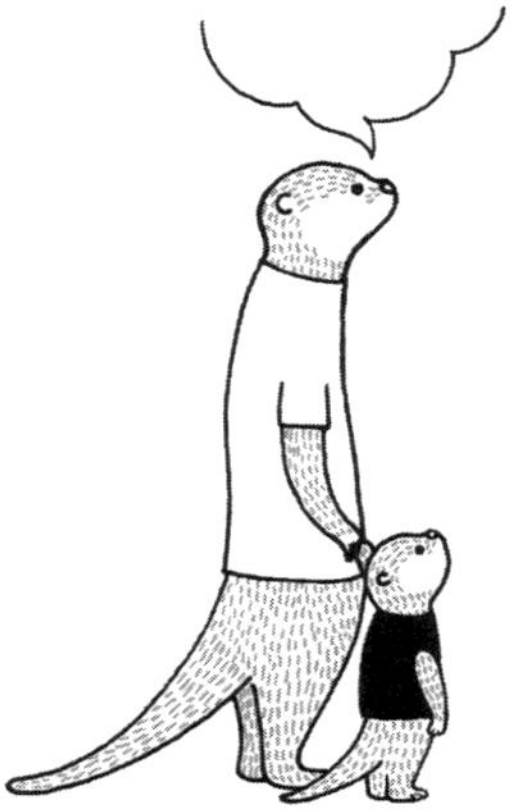

①こんなことは受け入れられないと心を閉ざす段階
②なぜあの人がと怒りを覚える段階
③あの人が生き返るなら何でもしますと神と取引をする段階
④希望を失いうつ状態に陥る段階
⑤あの人は死んだのだと自分に言い聞かせる段階

キューブラー＝ロスが研究していたのは、がんなどで余命を宣告された人が、どのようにして「死」を受け入れていくのかについてでした。

けれど自分の死であっても、愛する人の死であっても、人は同じ段階を踏んで受け入れていくことがわかったのです。

私は死にゆく人と見送る人は同じ経験を通して死後もつながっていくのだと捉え、大きな感銘を受けました。

問題は、遺された人が現実を生きていかなければいけないということですが、ティム先生が言うように、日本人は一連の葬送儀礼を経るたびに、死を受け入れていきます。

これまでに２０００人以上の葬儀を見てきましたが、当初は見る影もないほど落ち込んでおられたご遺族が、初七日から四十九日までの忌日法要を通して「あの人は死んだのだ」と何度も確認するのです。さらに法話などを通して、少しずつではあっても確かに、行きつ戻りつしながらも着実に立ち直っていく様子をつぶさに見てきました。

周囲の人と**悲しみを共有し、故人を偲び、僧侶の唱えるお経を聞きながら仏様の前で手を合わせることによって心が癒やされていきます**。見送るほうも見送られるほうも養われる。だから「供養」は共に養うということなのです。

供養を繰り返し、立ち直っていく

供養はサンスクリット語で「尊敬」という意味です。お釈迦様が自分の幼い頃に亡くなったお母さんを敬い、熱心に弔ったというところから供養という慣習が始まったといわれています。

仏教における供養は、大きく「利供養」「敬供養」「行供養」の三種類。

「利供養」とは故人が好きだったものや香りをお供えして冥福を祈るというもの。

「敬供養」とは法要やお墓参りを通して亡き人を偲ぶこと。

「行供養」とは生きている人がお釈迦様の教えを守り、修行を積むことです。いずれにしても生きている人が供養という善い行いをすることで故人は徳を積むことができる、そしてまた善きことが生きている人に返ってくるといわれています。

功徳というのはエネルギーを得る行為のことです。

供養によって善きエネルギーをグルグルと巡らせることができるというわけですが、亡くなったのがお父さんだとして、故人が生きていた時に「自分が善きことをすれば、お父さんが功徳を積んだことになる」などということはあまり考えないのではないでしょうか。

供養をすることは亡き人との絆を作ること、新たな関係性を構築することであると私は捉えています。

供養によって遺族に善きことがもたらされるのを何度も見てきました。**人が死ぬのは大きなことですから、家族のバランスが崩れてしまうもの**です。けれど法要のたびに集い、家族であることを再確認してバランスを整えていくのが常です。このことは追善供養の大きな恩恵といえるでしょう。

また、四十九日法要などにおいては、「法要の準備に追われて悲しんでいる時間がなかった」とおっしゃる方が多いのです。供養は現実的な面からもグリーフケアにつながる素晴らしいシステムだと思います。

お盆とお彼岸に亡き人が伝えたいことは

供養の種類は宗派や地域によって異なりますが、一般的なものとして「追善供養」「お盆」「お彼岸」が挙げられます。

「追善供養」は特定の節目の折に執り行われる儀式です。亡くなった日に続き、三途の川にたどり着いた時に「無事に三途の川を渡れますように」と祈る七日忌、「閻魔様の良き審判が下されますように」と祈る四十九忌。とはいえ、審判の結果、あの世の世界である「六道」のどこへ行こうと、亡き人の魂はそこに留まるわけではありません。仏教では人は無限に生まれ変わる、現世での生き方次第で来世が決まるという輪廻転生を説いています。亡き人の魂は命日から仏様の弟子として修行を積んで来世を目指すのです。

そこで遺族は追善供養を続けます。命日から丸2年後に行われる三回忌、丸6年目に行われる七回忌。そこから十三回忌、十七回忌、二十三回忌、二十七回忌、三十三回忌と年供養を行うのが習わしです。


仏教では「三」と「七」が大切な数字だとされています。「二」は「有るか無いか」「勝つか負けるか」「損か得か」といった偏りを示すため、「二」を超えた「三」を「中道」とし、バランスよく生きる道を説いているのです。「七」には、死後の世界である「六道」を超えて覚りを開くという意味があります。

年供養は故人が亡くなった日と同じ月日の日である「祥月命日」に行うのが本来のありようですが、親戚の集まりやすい休日に行うなど祥月命日でなければいけないという決まりはありません。もう一つ、命日と月は違うけれど日にちが同じ「月命日」が年に12回あり、こちらのほうは仏壇にお線香を手向けて拝むというのが一般的です。

「お盆」と「お彼岸」は亡くなったご先祖様を供養する期間。

地域によって異なりますが、「お盆」は8月13日から16日に行われます。「お彼岸」は年に二回、3月の春分の頃に行われる「春彼岸」と9月の秋分の頃に行われる「秋彼岸」です。

春分と秋分は太陽が真東から昇り真西に沈みますが、仏教では極楽浄土は西にあると捉えているため、故人の魂が私たちの暮らす世界である「此岸《しがん》」から浄土の別名である「彼岸」へと向かえるように祈るのです。もともとは豊作を願い、豊作に感謝するための行事でした。そこに先祖を崇拝する日本人の心が重なって生まれたお彼岸は日本独特の慣習です。

一方、「お盆」は中国で始まり、中国で生まれたあの世のことを説いた「盂《う》蘭《ら》盆経《ぼんぎょう》」を通して日本に伝わってきました。

ある時、お釈迦様の弟子の中で飛び抜けて神通力のある目連尊者が、亡き母は天上界でどうしているだろうと得意の神通力を使って探したところ、天上界どころか餓鬼道に落ちて苦しんでいることを知り愕然としてしまいます。神通力でお母さんにご飯をささげますが、口に運ぶ前に火になってしまい食べることができません。

そこであわててお釈迦様のところへ行って相談したところ、お釈迦様は「あなたにとっては優しい母親だったかもしれないけれど、水を分けて欲しいと懇願する人に、これは自分の息子に飲ませる水だからあげることはできないと断った。このことにより餓鬼道へ行ったのですよ」とお伝えになりました。そして「あなたの神通力を自分のために使うのではなく、同じ苦しみを持つすべての人を救う気持ちで使うように」と諭されました。

目連尊者がお釈迦様の教えに従い、修行僧たちに食べ物などをささげたところ大変に喜ばれ、その喜びが餓鬼の世界まで伝わってお母さんは救われた。これがお盆行事の始まりだと言われています。

あなたは目連尊者のお母さんの話から何を感じましたか？

自分のことだけを考えていてはいけないというお釈迦様の教えもさることながら、お母さんの親心が罪を犯したことになるのかと驚きを覚えたのではありませんか？

この世を生きるのは誰にとっても大変なことです。

いい人でいたいと思っても、お人好しが損をする。正直でいたいと思っても、正直者が損をする。綺麗ごとだけではこの世を生きていけません。自分本位に考えたり、嘘をついて自分を守ったりすることが罪に問われるのなら、罪を犯さない人などいないと言えるでしょう。

お盆は、亡き人がこの世に帰ってくる日だとされていますが、自分のさまざまな思いを遺族に伝えるために家に戻るのではないかと私は思うのです。罪は犯したかもしれないけれど、悪い気持ちはなかった。わかって欲しい、と。

お盆に限らず、法要は故人と向き合い、故人のことを偲びながら、亡き人の気持ちを理解し、水に流すためのもの。**ただひたすらに感謝をすることで遺族が安らぎを得るために行うもの**だと私は確信しています。

「お母さんは気の強い人だったけれど、そうでなければ女手一つで三人の子を育てることはできなかった」「お父さんは家庭を顧みない人だったけれど、家族のために必死に働いてくれていた」。親族が集まってそんなふうに語り合うことが何よりの供養になるでしょう。

なぜろうそくを灯し、花を供え、香を焚くのか

故人の供養に欠かせない仏具セットがあります。それは燭台、花立て、香炉。仏教の世界では三具足《みつぐそく》と呼ばれています。

ろうそくに灯す火は智慧の象徴です。あなたが突如として真っ暗闇の中に放り込まれたとしましょう。真っ暗闇ですから、どこに出口があるのかわかりません。最初は戸惑うばかりですが、徐々にストレスを感じるようになることでしょう。どうして自分がこんな目に遭わなければならないのか、これからどうなるのだろうという焦りも生じるはずです。そして思うのです。ああ、せめて

小さな灯りでもあれば救われるのにと。

実はこれ、そっくりそのまま人生に置き換えることができるのです。暗闇は試練に見舞われ絶望した心模様。そういう状態を迎えると多くの人が途方に暮れ、やがてジタバタともがくようになります。けれど焦ったところで埒が明きません。闇雲に動けば人間関係に支障をきたすなど二次災害を引き起こしてしまうことも大いに考えられます。試練の中にいる時は焦れば焦るほど苦しくなる、騒げば騒ぐほど不利になるというのが世の常なのです。

ではどうすればいいのでしょうか。

お釈迦様は小さくてもいいから心に火を灯しなさいと諭されました。

心に灯す火とは「智慧」のこと。世の中や自分自身についても知らないのに、「こうしたい！」という欲望だけで突き進めば傷だらけになってしまうのも当然だといえるでしょう。けれど世の中にはさまざまな価値観があり、自分の価値観がすべてではないことを知れば、誰にとってもこの世は儘《まま》ならないものだと理解して楽になり、謙虚さを備えることで人間関係の摩擦などを回避して、風通しよく生きていけるのです。御仏前を照らすろうそくの火は、故人が仏様のご加護のもとに、迷わず旅立つことができるよう祈る気持ちを込めて灯すというふうに私は受け止めています。

花は慈悲心を表します。仏教では人の心は無常、つまり常に移ろうものと捉えており、大きく「慈」「悲」「喜」「捨」と分けて、このことを「四無量心」と言います。

「慈」とは人を慈しむ心、「悲」とは人の悲しみに寄り添う心、「喜」とは人の幸せを喜ぶ心、「捨」とは執着のない爽やかな心のこと。お釈迦様はどんな人の喜びや悲しみも我がことのように受け止めなさいと説いておられるのです。

そんなのあたりまえのことじゃない？　と思う人もよくよく考えてみてください。あらゆる場面で抱く感情は、因果関係によって動かされていると言えるのではないでしょうか。

常に広い心で他人を見つめることは難しい。けれど花にはどんな人の喜びにも、どんな人の悲しみにも寄り添う力があります。花を供えることには、生前にどんな関係性にあった人に対しても今生でのご縁に感謝し、花のように慈悲の心で御仏前に向かうことを表明するという大きな意味があるのだと思います。

お香は心の浄化を促すとされています。

お香は伽羅《きゃら》や白檀《びゃくだん》といった香木を削り、香りを楽しむことから生まれました。香りが人の気持ちを癒やし、和ませ、リフレッシュする力があることは広く知られています。心にはたらきかける作用があるからこそお悔やみの場に用いられるようになったのでしょう。

お焼香では、まずお香をつまみ、額に持っていきながら「心を浄めます」と念ずることが大切です。

人の心は複雑で一筋縄ではいきません。まさに「四無量心」です。たとえば同僚が自分より先に出世したとしたら、「おめでとう!」と言いつつ悔しさを覚えたり、逆にリストラされたりしたら「どうしてあなたが?」と口では寄り添いながら、自分は二の舞にならないよう頑張ろうと思う。このように他者の心に寄り添えない場面は誰にでもあります。
しかしお釈迦様は、これを見逃しません。人が無限の愛を自動的に備えることはない、人は真理に目覚めて意識的に無限の愛を備えると説いておられます。

お焼香は意識的に自分の心を浄める行為です。妬み、嫉み、憎しみ、怒りといったネガティブな想いは脳の前頭前野で生じるため、お香を額にいただいてネガティブな感情を吸い取らせ、香炉に戻して焼いてしまうのです。
焼いてしまえば清らかな香りが広がり、周囲にいる人の心によい影響を与えます。弔問客の誰もの心が浄まることで故人の魂は癒やされ供養になるのです。

故人に対して、ネガティブな想いを抱いている場合には、その想いを焼き切るといったことも含まれます。基本的には、日常生活で知らず知らずのうちに心を汚しながら生きている人が、お焼香を通してあるいはお墓参りの時や仏壇の前でお線香の香りや煙によって浄化した清らかな心を仏様にお供えするものとご理解ください。

三具足の意味づけについては宗派や僧侶によって見解が異なるかもしれませんが、少なくとも私はこのように捉えています。幼い頃から長いあいだずっと「供養にどんな意味があるのだろう?」と思い続けていた私がたどり着いた結論です。

仏壇はお寺のミニチュア。心の内と向き合う装置

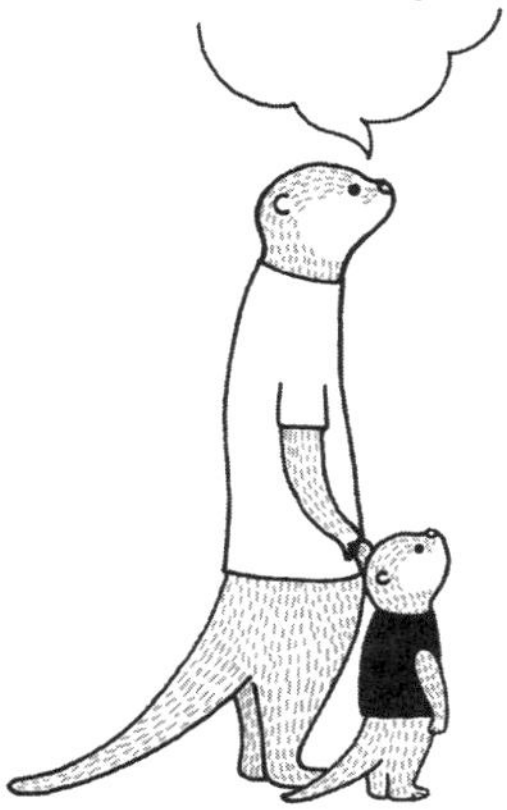

家にある仏壇に手を合わせたり、お経を上げたりすることも供養です。

一般庶民に仏壇が普及したのは江戸時代のこと。江戸幕府が寺請制度を設けたことにより、民衆はいずれかのお寺を菩提寺と定め、檀家となることが義務づけられました。同時に亡くなられた方は戒名を授かるようになり、戒名の書かれたお位牌をお祀りするために仏壇が普及していったといわれています。

位牌をなくしてはご先祖様に申し訳がないということから生まれた仏壇ですが、単なる位牌置き場ではありません。仏壇は言わばお寺のミニチュア版なの

です。仏壇という小さなお寺には信仰の対象としてご本尊様が祀られています。そこに仏様のお弟子さんとなった故人の位牌を置かせていただいている。そのような感覚を持っているとよいのではないでしょうか。

仏壇屋さんに並んでいる時にはただの木箱ですが、「精入れ（魂入れ）」の儀式を通して開眼供養を行うことで仏壇となります。厳密に言えば、お仏壇にお祀りされているご本尊に対して精を入れるということです。たとえば指輪は好きな人にもらうと特別な思い入れのある指輪になりますよね。これも精入れです。入社式でこれからこの会社のために頑張って働こうと心に誓うというのも精入れ。仏壇も、仏壇を大切にしますという想いを込めると目に見えない力が宿るとされているのです。ただし仏壇については宗派によって解釈が異なりますので、菩提寺や仏壇屋さんに尋ねてみるとよいでしょう。

仏壇はお墓と同様になくてはいけないものではありません。とはいえ、仏教徒であるならばあったほうが心が落ち着くのではないかと私は思います。**いつ**

でも手を合わせることのできる場所があるというのは、いつでも心を整えられるということです。そもそも仏壇はお位牌を失わないようにということから需要が生まれました。お位牌をお祀りする場所が決まっていれば安心だということもあるのです。

もちろん心の中で手を合わせることで気持ちが落ち着くというのなら、それでいいと思います。宗教観は人それぞれです。家に仏壇を置くかどうかについてはご自分の心と相談してお決めになることをお勧めします。

弔いの哲学を育む

小さい頃から何千という数の葬儀や法要を見ていますが、現代はお弔いを大切に思う気持ちに格差が広がっているようです。
幼い子どもの様子を見ると顕著です。一緒に暮らしていたお祖父さんやお祖母さんが亡くなった場合には肩を落として泣きじゃくっていますが、離れて暮らしていたお子さんの場合にはケロリとしているのは、珍しいことではありません。また、お祖父さんやお祖母さんが仏壇に手を合わせるのを見て育ったお子さんは、仏様を敬うことを知っていますが、そうでないお子さんは親御さんから促されて手を合わせたり、照れが先立ってしまうのかモジモジしていたり

します。

これは経験の差によるもので、核家族化の弊害だ、教育に問題があるなどと申し上げるつもりはありません。ただお弔いに対する想いが育まれないまま成長すると、やがて孤独感を募らせることになるとも限らないと私は思うのです。

昔は地域のつながりがあり、ある種の連帯感がありました。ところが個人主義の世の中になった現代では、困ったことが起きて誰かに相談したくても相談できる人がいないのです。競争社会の中、友達や職場の仲間に弱みを見せることができないということもあるでしょう。このことは私の YouTube に悩みを寄せてくださる数や閲覧数が多いことからもわかります。

どの方も真剣に悩んでおられるのです。ですからどうすればスッキリと前を向いて歩んでいけるかについて真摯に答えます。もちろんケースバイケースですが、私のアドバイスは結局のところ「どんな時もご先祖様に感謝して、どんなことも学びであると受け止める」ということに集約されます。

お弔いに対する想いが育まれていれば納得していただけるでしょう。けれど、そうではない場合は禅問答のように感じるかもしれません。すると誰も自分の苦しさをわかってくれないと孤独を募らせることになりかねません。

たとえば自分のもとを去った大切な人のことが忘れられないと悩んでいる方に、執着を手放せば楽になりますと伝えたところで、その人の執着心が消えることはないでしょう。頭ではわかってはいてもできないから悩んでいるのです。現代人に共通していることですが、求めているのは解決法というよりも、たちどころに悩みを消す方法のようです。でも、そんな方法はありません。

執着に限らず、煩悩を取り去るのには「瞑想」が有効ですが、仏教では修行は90日で一区切りとします。

細胞が3カ月かけて入れ替わるということを考えても、人が変わるためには、それなりの時間がかかるものです。

近頃は、この瞑想を続けることができないという人が増えています。これもまた祈り続けるというお弔いの習慣を持たないことと無関係ではないでしょう。

忌日法要を行う。毎朝仏壇に手を合わせる。定期的にお墓参りをする。祈り続けることは「自分を律します」と誓いを立て続けるということ。やがて生きる真理に目覚め、**気づけば心が楽になっている。祈るたびに心が浄化されていくという感覚を知っている人と知らない人の違いは大きい**のです。「どんな時もご先祖様に感謝して、どんなことも学びであると受け止める」お弔いの哲学を育むことの大切さをつくづく感じます。

教えて、大愚和尚①

仏壇の祀り方に決まりはありますか

仏壇はご本尊様をお祀りする家庭版のお寺です。ご本尊様の存在を無視した仏壇はあり得ません。

時折、ご先祖様のお位牌を仏壇の真ん中にお祀りしている家がありますが、これは社長の席に新入社員が座っているようなもの。仏壇の中央にはご本尊をお祀りし、お位牌はご本尊の脇か下の段にお祀りするとよいでしょう。

仏教用語で仏像や仏堂を美しく、厳かに飾ることを「荘厳《しょうごん》」といい、「信は荘厳より生ず」という教えがあります。つまり整った仏壇を見て信心が啓発される、綺麗に飾り、大切にしているという想いを形にすることによって自分の信仰心がさらに高まるという意味です。

燭台、花立て、香炉の三具足。ご飯をお供えするための仏飯器、お水をお供えするためのお湯のみ、お菓子をお供えするための高坏《たかつき》、そしてリンを飾るのが一般的です。

チーンと鳴らすリンについては説明が必要かもしれません。

リンは仏様の声。神社では鈴を鳴らすことによって神様をお招きすることから、仏壇に飾られたリンも呼び鈴だと勘違いしている方がおられるようですが違います。お寺の鐘はゴーンとなって余韻が残る倍音ですが、倍音にはその場の空気を浄め、人の心を和ませる効果があるのです。同様に仏壇の前に飾るリンをチーンと鳴らし、その余韻に耳を傾けることによって心が浄らかになります。どんな想いで過ごすことが望ましいのかといった智慧を授かることにつながるのです。

神社でお祀りする神様は、自然界の恵みに対する感謝の意を表して山のものや海のものをお供えしますが、仏壇にお祀りするご本尊様やご先祖様は私たちと同じ人間です。ですから基本的には加熱調理したものをお供えします。自宅で作ったお料理を自分が食べる前にお供えするというのが習わしです。

もちろんお祀りの仕方も大切ですが、すべては回向《えこう》であるという認識に欠けていては意味がありません。ご本尊様を敬い、ご先祖様の成仏を祈る気持ちが自分に返り、自分が正しき方向へと導かれる。そしてまた信仰心が高まりお仏壇のお世話をするという営みを通して、日々の暮らしを整えていく。この素晴らしい循環は仏壇に手を合わせ、見返りのない心ですべてのことに感謝するという行為から始まります。このことをどうぞ忘れないでください。

仏壇はお寺の家庭版。手を合わせる習慣から、心が育つ

教えて、大愚和尚②

リビングに仏壇を置くときは

昔は仏間というものがありましたが、住宅事情は変わりました。マンションでは仏間を確保するのは難しい場合もあります。けれど大切なのは供養する心ですので、慣習にこだわらず、供養を続けることに重きを置いて、臨機応変に対応することが望ましいと思います。

仏教では西の方角に極楽浄土があると捉えていることから、仏壇は西に向かって拝むために東向きに置かなくてはいけないとする方が目立ちます。そうすることで心が整うというのなら東向きにこだわるのも一つでしょう。けれど仏教で方角について取り決めがあるわけではありません。

また、仏壇を神棚と同じ部屋に祀っては仏様と神様が喧嘩をするなどという説もあるようですが、これはあくまでも俗説です。お寺と神社が同じ境内に祀られているところもあるくらいですので、気になさることはないと思います。ただし仏壇と神棚を向かい合わせにすると、どちらかを拝む時にどちらかにお尻を向けることになってしまいますので、並べてお祀りすることが望ましいでしょう。

現実的なことで言えば、直射日光があたる場所は仏壇が痛みます。それからザワザワとする玄関や、不浄なお手洗いの近くは仏壇を置く場所として相応しいとはいえません。ゆっくりと神聖な気持ちで拝むことのできる場所、家族が集う場所という観点で見つめ、しっくりとくる場所を選ぶことをお勧めします。

教えて、大愚和尚③

婚家の仏壇と実家の仏壇、並べて置いてもいい？

構わないと思います。現代では一人っ子同士の結婚も増えました。親御さん亡きあと、自分の実家の仏壇を自分が守っていくというケースは今後ますます増えていくだろうと思います。同じ部屋に並べてお祀りしても構いませんし、そんなスペースがないという場合には、一つの仏壇の中に両家のお位牌を祀るのでもいいと私は考えています。

ここで問題となるのが家の宗派。それぞれの宗派によって信仰の対象となるご本尊様が異なります。けれどご本尊様を敬い、ご先祖様の成仏を願う気持ちは一緒です。そこで私の立ち上げた佛心宗では宗派の枠組みを外し、本質に重きを置いています。これまでのところでもお伝えしてきましたが、仏教は生きている人が生き方を整えるための術を説くものです。仏壇もまた生きている人が供養を通して自分の心を見つめ、人生を整えていくためのものだといえるでしょう。そこで家の宗教やしきたりにこだわらず、供養を見つめることについて考えてみるのも一案なのではないでしょうか。

難色を示す僧侶や、家のしきたりにこだわって意見する親戚がいるかもしれませんが、供養をするのは自分です。自分なりの信念を備え、その信念が揺るぎのないものであることが大切だと私は思います。

仏壇は、生きている人が自分を見つめ人生を整える装置

第4章

死を見据えて、今を生きる

誰の世話にもならず死にたいと言うけれど

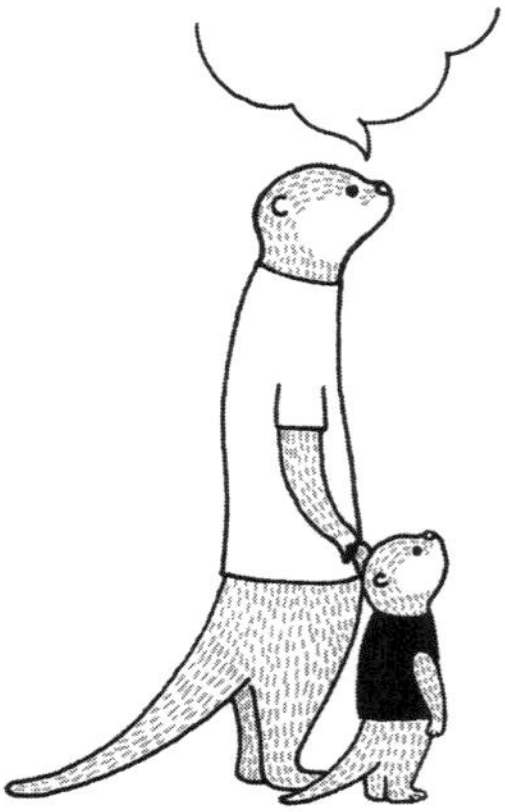

終活という言葉があります。平たく言えば「死に支度」ということです。50～60代の方の多くが、まだ自分が考えることではないと捉えているかもしれませんが、私は終活を始めるのは早ければ早いほどいいと思います。
たとえば生前墓を年を取ってから建てるというのはなかなかにしんどいものです。墓じまいにしても、永代供養に改葬するにしても労力が必要。年を取ってからでは考えるのも面倒になってしまいがちです。
終活をズルズルと先送りにした結果、誰かに大きな迷惑をかけることになるとも限りません。

いつかは誰もが一人になります。今は家族のいる人も、配偶者と暮らしている人も最後は一人です。

もっとも、寿命は年功序列ではありませんので自分が見送られるほうになることだって大いに考えられるわけですが、どんなことになってもいいようにしておく。これが心穏やかに生きていくための秘訣だといえるでしょう。心穏やかに生きるというのは、達観して生きることなのです。

一昔前に比べて生涯未婚率が高まりました。「おひとりさま」で生きていくのは気楽で自由がある一方、「いいとこ取り」だけでは終われないのもまた人生。

私の周囲にいる独身を貫く熟年世代の人たちからは「若い頃は身軽でよかったけれど、最近になって家族のいない自分は、これからどうなるのだろうと不安になってきた」という声も聞きます。

中には「自分は誰の世話にもならないと決めている」「終活する気はない」と宣言なさる人もいて、カッコよくもあるのですが、実のところ無責任ともいえます。

死後、火葬場まで一人で行って骨壺に納まる人はいません。つまり誰の世話にもならずに逝くのはどだい無理な話なのです。根底にあるのは、嫌なことは考えたくないという現実逃避だと思います。

初めて行政からの依頼を受けて孤独死した方の供養をしたのは中学生の頃でした。夏の暑い日で、死後何日も発見されなかったご遺体は腐敗が激しく……。その日、着ていた袈裟にはにおいが染みつき、処分せざるを得なかったほどです。その後、何日も「あのご遺体を火葬場まで運ぶ人たちがいるのだな。なんて尊い仕事なのだろう」と、そんなことばかり考えて過ごしていました。

年金で暮らしていた身寄りのない方で、友達づきあいも近所づきあいも一切していなかったとか……。それでも最後は誰かの世話になるのですから、「ひとりで生ききる」のは、やはり難しいことで、気取ったり虚勢を張ったりすることには何の意味もないと子ども心に思いました。

「自由」というのは仏教語ですが、真に自由に生きていくためには、自分のすべきことを果たす必要があります。

遺産相続の手続きや断捨離も大事な終活かもしれませんが、お金やモノは放っておいてもなるようになります。お金なら欲しい人がたくさんいるでしょう。価値のないモノしか残っていなかったとしてもモノなら廃棄処分すればいいだけです。けれど他人の遺骨を欲しがる人はいませんし、人の遺体は廃棄処分するというわけにはいきません。

こうしたことから**本当の終活とは、自分の死後のことについて考え、いつ死んでもいいように準備しておくこと**だと私は思います。極端な話、そこさえ押さえておけば、あとは好きに生きていけるのです。

超ポジティブに、死を考える

孤独死をおそれる方が多いですね。でも、孤独死したらどうしようと怯えるのは不毛です。

大家族と暮らしていても家族が外出中に急逝なさる方もいれば、事故に遭って一人旅立たれる方もいます。いつ誰が孤独死しても不思議ではないのです。もっといえば、誰もが明日も生きているという保証などありません。いつかはわかりませんが、必ず死にます。そんなことを考えるのはネガティブだと思う人がいるようですが、実のところ、**「死」について考えることはネガティブどころか、かなりポジティブなこと**なのです。

たとえば余命３カ月と宣告されたら、生き方が変わるのではないでしょうか。疎遠になっていた親に会っておこうと思うかもしれません、いつか行こうと先送りにしていた旅を決行するかもしれません。同様に「死」を意識することで人は悔いのないように生きたい、失敗をおそれずに何でも挑戦してみようと勇敢になります。親孝行もしておこう、どんなご縁も大切にしようと自己改革します。**死について考えることは、どう生きるかを見つめること**に通じているのです。

さらにいうと、自分なりの死生観なくして自分なりのお弔いの形を見出すことはできません。ご縁の深い方の死を自分はどういうふうに受け止め、自分の心に従ってどういうお弔いをするのか。あるいは自分の死というものをどういうふうに見つめ、死後、どういう形で弔って欲しいのか。その基準となるのが自分の死生観だからです。

近しい人が亡くなった時に、自分の死生観に基づいて「これでよかったのだ」と納得のいくお弔いを行うことが、生きていくうえでどれほど大きな力になるか想像してみてください。試練の時も自分は守られているから大丈夫だと信じることができるはずです。きっとよき方向へ導かれるはずだと希望を見出すこともできるでしょう。なにはともあれ、まずは死生観を備えることが先決なのです。

終活の真髄は人とのつながりにある

自分はどう弔われたいのか。このことに関しては心に決めるだけではなく、エンディングノートに記しておく、あるいは近しい人とお弔いについて語らう時間を設けるのも一案だと思います。

価値観の違いから人間関係に摩擦が生じ、誰ともかかわりたくないと考えておられる方も少なくありません。けれど本当はどんな出来事も自分の問題。誰も　自分の価値観を受け入れてくれないと孤独感を募らせる人は、人の価値観を認めない自分によって心をこじらせているだけなのです。

このことは『ひとりの「さみしさ」とうまくやる本』（興陽館）という本でも

触れていますが、「孤独」を感じるのは誰もが備えている本能。誰だってみんな孤独なのです。精神性を向上させていくためには、人生の目的を掲げ、それに向かって突き進む必要があります。

自分の後始末は自分でするという目的を掲げ、人間関係を再構築する必要があるということです。

特別なコミュニケーション力はいりません。まずは家族や近所の人に「おはよう」と伝えるだけで人間関係は成立します。

人はご縁のある人のことを放ってはおけません。家族や友達でなくても、地域の人や役所の人、病院のお医者さん、あるいは近所のお寺のお坊さんでもいいので、**ゆるっと人とつながっていることが大切だと思います。そのうえで自分の死後のことを誰かに打ち明けておく。**

ここは甘えていいのです。人は一人で生きていくことはできません。遡れば、どんな人だってオシメを替えてもらい、ミルクを与えてもらったから今があるのです。今さらカッコつけてもしょうがないと開き直って、人とつながるという理想的な終活を実現していただきたいと思います。

親の「供養担当」として伝える

近しい人のお弔いについて迷いや悩みがあるなら、ご本人と話すことで互いに安心できるはずです。

たとえばご高齢になられたお父さんに「お父さんが死んだらどうして欲しい？」とはたずねにくい。子どもはそう考えている一方、親のほうは自分の死後について、子どもに話しておきたい。となると、ここは伝え方かなと思うのです。

「お父さんの死んだあと」、と真正面からではなく、「お弔いをしていく自分」を軸にして話を展開してみてはいかがでしょうか。

「私に墓守が務まるかしら?」

「うちのお墓は墓じまいしてもいいと思う?」

このように**悩みを打ち明けるトーンで伝えれば、老親の考えを引き出せるというもの**。そこから話を深めていくことをお勧めします。


私にもこんな経験があります。ある時、ふいに両親のことをよく知らないと思い至って尋ねたことがあります。すると、驚くほど多くのことを話してくれたのです。

「あの時は苦労をして」「あれは悲しかった」という悲話もありましたが、今となっては思い出ということなのでしょう。「過ぎてしまえば何ということでもないのだけれど」などと、なにやら武勇伝を語るように誇らしげで、楽しそうに話していたことが心に残っています。


その際、初めて父方の祖父の写真を見せてもらいました。これが私ではないかと思うほどそっくりでビックリしてしまいました。間違いなくＤＮＡを受け継いでいると言ってみんなで大爆笑。娘にも見せたところ瓜二つだと大いにウケていました。両親はまだ健在ですが、あの日のことを私は生涯忘れることはないでしょう。

他愛ない話でもいいのです。家族で話す時間を持ってください。そして質問を投げかけてみてください。

「お祖父さんはどうして死んだの？」「お祖母さんの葬儀はどんな感じだったの？」「その時、お父さんはどう思ったの？」「お母さんは何を感じたの？」と。

自分の死んだあとのことなど、何も考えてないとおっしゃる親御さんであっても、親が親を見送った経験に、自分がいかに弔ってもらいたいか、ヒントが隠されているかもしれません。それは家族で共有する癒やしの時間になる。そして将来のお弔いの気持ちへとつながっていくと思うのです。

人は誰しも「死」に向かって生きていますが、現時点から死を見つめるのではなく、死の瞬間から逆算して今を生きる。このことが悔いのない人生に直結しています。

お釈迦様が亡くなられる時に、お弟子さんが「私たちはお釈迦様亡きあと、どのようにして生きていけばよいのでしょう?」と尋ねたところ、お釈迦様は「自灯明法灯明」とお答えになりました。

自灯明とは自らを拠り所として生きていきなさいということ。法灯明とはお釈迦様の教え（法）を拠り所にして生きなさいということ。つまり自律心を育み、お釈迦様が説かれた真理を拠り所にして生きていきなさいと諭されたのです。

お弔いのことが気になって本書を手に取ってくださったあなたは、自律して生きることの大切さに目覚めておられるのでしょう。

先祖供養について、親御さんのお弔いについて、自分の死後について考えることは、しっかりと生きていかなければいけないという気持ちの表れだと思います。それこそが心穏やかに生きていくための第一歩なのです。

あとがき――あなたがすっきりと生きていくために

本書で一番ご理解いただきたいのは「お弔いは死者のためならず」ということです。

たとえばお父さんが亡くなったのであれば、葬儀や法要を通して自ずとお父さんの生きざまを振り返ることでしょう。完璧な人はこの世におりませんから、見習いたい点もあれば反面教師にしたい点もあるのが常。そのすべてが学びであり、故人の置き土産なのです。

「葬儀」も「法要」もなく見送ると、故人を振り返るための時間も逸することになり、遺された人が精神的に成長するための機会を失うことにもなりかねません。これは非常にもったいないことだと思います。単に楽だから、コストを抑えられるからといった発想を優先して体裁だけを整える弔いでは、自分の心を整えることができません。
この困った問題を回避するために、「遺される人が強く生きていくために」お弔いを見つめ直してみませんか？　という私なりの提案をしました。

供養は自分の内側に、自分自身と向き合うための一つの装置であるとすれば、見える景色が変わってきます。

仏教ではこの世は苦しいのが普通だと捉えていますが、試練を乗り越えた暁には精神性がワンランクアップするという特典があるのです。そこでお弔いは、どうすれば今の苦しみから一抜けできるのか？　と熟考するために与えられた得難い時間だと受け止め、有効活用していただきたいと思います。

時代の変化に対応していくのは確かに大変なことですが、それも世の常だといえるでしょう。仏教の世界には「諸行無常」という言葉があります。「諸行」とは森羅万象、「無常」とは変わらないものは無いという意味です。

時代も例外ではなく、現代では明治時代のような家と家の結婚という概念は消えつつあります。それに連動してお弔いも、「家」のしきたりを守るお弔いの形から「個」として自由にお弔いをする時代を迎えつつあるのです。諸行無常である以上、変化は受け入れていかなければいけません。それにどんな選択をしてもいいのだと受け止めれば、やっと人々が思い思いの形で真のお弔いのできる時代になったといえるのではないでしょうか。

ただし「個」を尊重するならば、お弔いの形に流行があるということについて改める必要があるとも思うのです。

昔は自宅に親類縁者が集って弔う「自宅葬」が主流でした。

弔問客への感謝の気持ちを示し、故人との思い出を偲ぶ食事の席を設ける「通夜ぶるまい」の風習があるため、「とりもち」といって近所の人たちが助け合って料理を作り、弔問客に振る舞うということをしていたのです。

やがて「自宅葬は労力がかかり大変だ」「家に祭壇を置くスペースがない」などの事情もあって、ホールや公民館などで行う「一般葬」が誕生、葬儀を専門に行うセレモニー施設が急増します。

バブル経済に沸いていた時代には、今にして思えば「大きなお葬式」に注目があつまり、何千人もの弔問客が訪れる社葬も珍しくありませんでした。一般の方々の葬儀もそれなりの規模で行われ、当時の葬儀費用の相場は２００万～３００万円といわれていたのです。それが昨今では一気に「小さなお葬式」に向かっています。


葬儀社はさまざまなアイデアを出して商品化し、その時代時代を生きる人々のニーズに応えます。それが悪いと言うのではありません。ビジネスである以上、生き残りを賭けて企業努力をするのは当然だといえるでしょう。問題はその提案に飛びつくか否かです。「個」ということを考えた場合にはどうでしょう？　あるいは長い目で見た時にはどうでしょう？　本当に自分の親の弔いや自分自身の弔い方をトレンドに乗って決めてしまっていいのでしょうか？

流行《はや》りというのは怖いもので、最初はギョッとしてもみんながやるようになると感覚が麻痺してしまいます。たとえばバブルの頃の大きな肩パッドなどがそうですね。なんで若い頃はこんなことをしていたのだろう？　と年を経て思うのですが、答えは簡単。それが流行っていたからです。自分は世間の流行になど無関心だという人であっても、知らず知らずのうちに影響を受けているということがあるものです。

ファッションなら、あれも青春の思い出だと笑って言えるかもしれませんが、「死」という人間の根幹にかかわるお弔いに関してはそういうわけにはいきません。ここは立ち止まって熟考すべきところとする冷静さが求められているように思います。

「生まれた時にはみんなが笑ってる、死んだ時にはみんなが泣いている。そんな人生を送りなさい」というのはアメリカンインディアンの格言です。本当にその通りだと思います。

ところが実際には、どうすればいい人に思われるだろうか？　どうすれば人よりいい暮らしができるだろうか？　と考えて悶々としている。

人生が上手く運べば傲慢になり、手に入れたものを握りしめて離さない。そればかりか、もっともっとと欲張るのです。挙げ句の果てに、あの世でもいいところへ行きたいと願います。いいところへ行きたければ欲を手放す必要があるというところには、なかなか行きつけないのが人間なのでしょう。自分のことも含めてそう思います。

人生を複雑化するのは、いつも執着心です。けれどあの世には、地位や名誉も賞賛も、お金も自慢の豪邸も大切なお宝も持っていくことはできません。

「私」を捨てていくのが死なのだと達観できれば、ことさら気張って生きることもないし、死ねば楽になると考えることができるのではないでしょうか。いずれにしても「死」と向き合う時くらい真っ白な気持ちでいたいもの、そして自由でありたいものです。

本当に必要なものなら求めればいい。でもそれ以上の欲は少しずつ手放し、雑用少なくして、穏やかに余生を過ごす。生まれてきたことに感謝し、人とのご縁に感謝し、今日も生きていることに感謝する――。

感謝すれば自分のすべきことが見えてきます。慈悲心という光が道を照らしてくれることでしょう。それがあなたの答えです。最良の選択をされることをお祈りいたします。

二〇二四年九月

大愚元勝

構成　丸山あかね
装画　小林マキ
装幀　中央公論新社デザイン室

大愚元勝（たいぐ・げんしょう）

1972年、愛知県生まれ。佛心宗大叢山福厳寺住職。慈光グループ会長。僧名「大愚」は、大バカ者＝何にもとらわれない自由な境地をあらわす。駒澤大学、曹洞宗大本山總持寺を経て、愛知学院大学大学院にて修士号（文学）を取得。僧侶、事業家、セラピスト、空手家と４つの顔を持ち、「僧にあらず俗にあらず」を体現する異色の僧侶。2017年にYouTubeのチャンネル「大愚和尚の一問一答」を開設、登録者数は現在67万人を超える。19年には仏教の本質に立ち返り「慈悲心・知恵・仏性を育む」ことを宗旨とする佛心宗を興す。主な著書に『苦しみの手放し方』『ひとりの「さみしさ」とうまくやる本』『自分という壁』などがある。

心《こころ》が整《ととの》うおみおくり
残《のこ》された人《ひと》がよく生《い》きるための
葬儀《そうぎ》・お墓《はか》・供養《くよう》のこと

2024年10月10日　初版発行

著　者　大《たい》愚《ぐ》元勝《げんしょう》

発行者　安部順一

発行所　中央公論新社

〒100-8152　東京都千代田区大手町 1-7-1
電話　販売 03-5299-1730　編集 03-5299-1740
URL https://www.chuko.co.jp/

ＤＴＰ　市川真樹子
印　刷　大日本印刷
製　本　小泉製本

Published by CHUOKORON-SHINSHA, INC.
Printed in Japan　ISBN978-4-12-005838-7 C0095